Basiswissen

Strafrecht
Besonderer Teil

2017

Dr. Wilhelm-Friedrich Schneider
Rechtsanwalt und Repetitor

ALPMANN UND SCHMIDT Juristische Lehrgänge Verlagsges. mbH & Co. KG
48143 Münster, Alter Fischmarkt 8, 48001 Postfach 1169, Telefon (0251) 98109-0
AS-Online: www.alpmann-schmidt.de

Dr. Schneider, Wilhelm-Friedrich
Basiswissen
Strafrecht – Besonderer Teil

4. Auflage 2017
ISBN: 978-3-86752-491-9

Verlag Alpmann und Schmidt Juristische Lehrgänge
Verlagsgesellschaft mbH & Co. KG, Münster

Unterstützen Sie uns bei der Weiterentwicklung unserer Produkte.
Wir freuen uns über Anregungen, Wünsche, Lob oder Kritik an:
feedback@alpmann-schmidt.de

1. Teil: Einführung

Straftatbestände finden sich im StGB und den sogenannten strafrechtlichen Nebengesetzen. Wichtig sind für uns nur solche aus dem StGB und davon auch nur einige.

Die Einordnung der Straftatbestände in den verschiedenen Abschnitten des StGB richtet sich im Wesentlichen nach Schutzgütern. Das ist wichtig für die Auslegung des Gesetzes.

In Einzelfällen kann die Stellung einer Strafnorm im Gesetz jedoch auch irreführend sein. So schützt § 142[1] nicht die öffentliche Ordnung, sondern dient als Vermögensgefährdungsdelikt dem Schutz des Interesses der Unfallbeteiligten und -geschädigten an der Geltendmachung und Abwehr unfallbedingter Schadensersatzansprüche. § 306 stellt keine gemeingefährliche Straftat, sondern einen speziellen Fall der Sachbeschädigung dar.

Da die Ausgestaltung der Übungen für Anfänger und Fortgeschrittene sowie der Zwischenprüfung den Universitäten überlassen ist, sind die Anforderungen sehr unterschiedlich. Dennoch gibt es an allen Universitäten vergleichbare Schwerpunkte:

- Zu den Grundlagen aus dem besonderen Strafrecht und damit zum Stoff der Übungen für Anfänger gehören in den ersten beiden Semestern Straftaten gegen Persönlichkeitswerte, insbesondere **Tötungs-** und **Körperverletzungsdelikte**. Seltener werden hier auch **Nötigung** und **Freiheitsberaubung** in Klausuren vorkommen.
- In den höheren Semestern werden diese als bekannt vorausgesetzt. Darüber hinaus sind regelmäßig Straftaten gegen das Vermögen, und zwar vor allem **Diebstahl**, **Betrug**, **Raub** und **Erpressung** in allen Varianten und danach auch solche gegen allgemeine Interessen, vor allem **Fälschungsdelikte** sowie von den gemeingefährlichen Straftaten **Verkehrsdelikte** und **Brandstiftungsdelikte**, Gegenstand von Klausuren.

Die Kernbereiche dieser Deliktsgruppen werden nachfolgend dargestellt.

1 Alle zitierten §§ ohne Gesetzesangabe sind solche des StGB.

2. Teil: Straftaten gegen Persönlichkeitswerte

Mit Persönlichkeitswerten sind solche gemeint, die an die Person gebunden und daher nicht übertragbar sind. Das sind z.B. das Leben, die körperliche Unversehrtheit, die Ehre, die Handlungs-, insbesondere die Fortbewegungsfreiheit, aber auch das Hausrecht gemäß § 123 Abs. 1, die Vertraulichkeit des gesprochenen Wortes gemäß § 201 und das Briefgeheimnis gemäß § 202. Für die Zwischenprüfung sind aus diesem Bereich nur die Tötungs- und Körperverletzungsdelikte, gelegentlich auch Nötigungsdelikte von Bedeutung.

1. Abschnitt: Tötungsdelikte

Aus dem 16. Abschnitt des StGB interessieren hier vor allem Mord und Totschlag gemäß §§ 211, 212 sowie die fahrlässige Tötung gemäß § 222.

§ 213 enthält eine Strafzumessungsregel für Fälle von Totschlag gemäß § 212. § 216 enthält einen Privilegierungstatbestand gegenüber den §§ 211, 212. § 217 verselbständigt als abstraktes Gefährdungsdelikt die – ansonsten straflose – Unterstützung der Selbsttötung zur täterschaftlichen Begehung bereits im Vorfeld des Versuchs. Die §§ 218 ff. schützen das ungeborene menschliche Leben. Die Aussetzung gemäß § 221 Abs. 1 stellt ein konkretes Leibes- und Lebensgefährdungsdelikt dar.

Auch nach der Rspr. schließen sich Mord und Totschlag daher nicht gegenseitig aus!

Auch wenn der Mordtatbestand nach allgemeiner Ansicht die vorsätzliche Tötung eines anderen Menschen voraussetzt, also der Tatbestand des § 212 darin enthalten ist, ist das systematische Verhältnis beider Delikte umstritten.

- Nach der Lit. stellt der Totschlag gemäß § 212 den Grundtatbestand dar, während der Mordtatbestand gemäß § 211, der besonders verwerfliche Begehungsweisen, Absichten und Motive erfasst, als Qualifikation anzusehen ist.
- Nach der Rspr. handelt es sich bei Mord und Totschlag dagegen um Tatbestände mit selbstständigem Unrechtsgehalt.

Von Bedeutung ist dieser Streit für die Strafbarkeit der Teilnahme an einem aus niedrigen Beweggründen oder in Verdeckungsabsicht begangenen Mord. Da diese Merkmale nach h.M. besondere persönliche Merkmale gemäß § 28 sind, kommen Rspr. und Lit. hier zu unterschiedlichen Ergebnissen, da nach der Lit. § 28 Abs. 2, nach der Rspr. dagegen § 28 Abs. 1 anzuwenden ist. Wegen seiner großen Bedeutung für Zwischenprüfungsklausuren werden wir diese Fragen weiter unten besonders darstellen.

Für die Voraussetzungen täterschaftlicher Begehung ist dieser Streit ohne Bedeutung.

Daher empfiehlt sich unabhängig von diesem Streit, soweit ein vollendetes Tötungsdelikt in Betracht kommt, zunächst die Voraussetzungen des Totschlags zu prüfen. Ist der objektive Tatbestand nicht erfüllt, kommt möglicherweise eine Strafbarkeit wegen Versuchs in Betracht (§§ 22, 23 Abs. 1, 12 Abs. 1). Soweit nur Versuch in Betracht kommt, sollte man gleich mit § 211 beginnen.

!

Kann der Tötungsvorsatz nicht festgestellt werden, kommen zunächst eine Strafbarkeit wegen Körperverletzung mit Todesfolge gemäß § 227, und, falls auch kein Körperverletzungsvorsatz festzustellen ist, eine fahrlässige Tötung gemäß § 222 in Betracht. Ist der Totschlagstatbestand rechtswidrig und schuldhaft erfüllt, ist, soweit Anhaltspunkte bestehen, auf die Strafbarkeit wegen Mordes einzugehen. Sind dessen Voraussetzungen erfüllt, tritt die Strafbarkeit wegen Totschlags hinter derjenigen wegen Mordes nach allgemeiner Ansicht zurück.

Lesen Sie über § 227 mehr im nächsten Abschnitt über Körperverletzungsdelikte.

Prüfungsfolge bei Tötungsdelikten

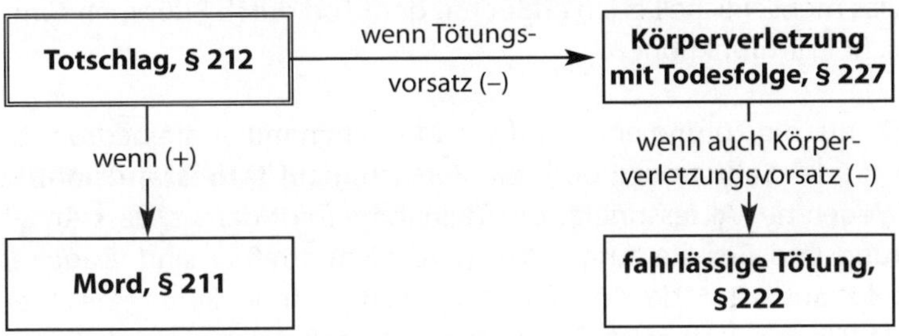

A. Totschlag gemäß § 212

Aufbauschema: Totschlag

I. Tatbestand

- **1. Objektiv**
  - **a)** Taterfolg: Tod eines anderen Menschen
  - **b)** Tathandlung
  - **c)** Kausalität
  - **d)** Objektive Zurechnung
- **2. Subjektiv:** Vorsatz

II. Rechtswidrigkeit

III. Schuld

Die Worte „Totschläger" und „ohne Mörder zu sein" haben historische Gründe und für den Tatbestand keine Bedeutung.

I. Der **Tatbestand** des Totschlags setzt die vorsätzliche Tötung eines anderen Menschen voraus.

1. Einen anderen **Menschen** zu **töten** bedeutet, dessen Tod als Täter zurechenbar zu verursachen.

Bis zum Geburtsbeginn handelt es sich um eine Leibesfrucht, deren Tötung in § 218 als Schwangerschaftsabbruch mit Strafe bedroht ist.

a) Taugliches Opfer ist nur ein **anderer lebender Mensch**. Mit Beginn der Geburt, nämlich dem Einsetzen der Eröffnungswehen, wird aus einer Leibesfrucht ein Mensch. Maßgeblicher Zeitpunkt für diese Feststellung ist weder der Zeitpunkt der Tathandlung noch der des Erfolgseintritts, sondern der Zeitpunkt, in dem sich die Handlung auf das Rechtsgut auswirkt.

Beispiel: Der Ex-Freund versucht, seine schwangere Ex-Freundin mit zahlreichen Messerstichen zu töten. Sie überlebt die Tat knapp, jedoch stirbt das infolge des Angriffs zu früh geborene Kind siebzehn Tage nach der Geburt. Hinsichtlich des Kindes liegt kein Totschlag vor, sondern Schwangerschaftsabbruch gemäß § 218 Abs. 1, da zum Zeitpunkt der Einwirkung die Geburt noch nicht begonnen hatte.

Danach handelt es sich um einen Verstorbenen im Sinne der §§ 168, 189.

Das menschliche Leben endet mit dem Tod durch Erlöschen sämtlicher Hirnfunktionen.

Dies ergibt sich heute bereits aus der Existenz des § 217, der ansonsten überflüssig wäre.

Da nur die Tötung eines *anderen* Menschen mit Strafe bedroht ist, sind der **Selbstmord** und sein Versuch **nicht tatbestandsmäßig**. Wegen der Akzessorietät der Teilnahme folgt daraus, dass Anstiftung und Beihilfe zum Selbstmord nicht strafbar sind. Dagegen folgt aus § 216, dass die täterschaftliche Tötung selbst eines Sterbewilligen strafbar ist. Die Strafbarkeit der Beteiligung an Selbsttötungshandlungen hängt daher von der Abgrenzung von Täterschaft und Teilnahme ab, die sich hier nach allgemeiner Ansicht nach der Tatherrschaft richtet.

Beispiel: Ein jugendliches Liebespaar beschließt, sich das Leben zu nehmen, da die Eltern die Beziehung missbilligen. Um sich zu vergiften, setzen sich beide ins Auto, nachdem er die Abgase durch einen Schlauch ins Wageninnere geleitet hat. Beide erwarten den Tod, während er das Gaspedal durchtritt, auch nachdem sie bewusstlos geworden ist. Während er nach Eintritt der Bewusstlosigkeit durch das Eingreifen Dritter gerettet wird, stirbt sie an den Vergiftungsfolgen. – In diesem Fall hat sie sich zwar bewusst den Folgen seines Handelns ausgesetzt, jedoch liegt die Tatherrschaft über das zum Tode führende Geschehen bei ihm, sodass eine täterschaftliche Fremdtötung vorliegt.

Lesen Sie dazu mehr bei den Rechtfertigungsgründen des Totschlags.

In engen Grenzen kann jedoch die Tötung eines Sterbewilligen im Rahmen von Sterbehilfe nach den Regeln rechtfertigender oder mutmaßlicher Einwilligung gerechtfertigt sein.

b) Töten bedeutet jede täterschaftliche Verkürzung des Lebens eines anderen Menschen, auch wenn dieser bereits im Sterben liegt.

Der **Taterfolg** des Todes liegt im o.g. Erlöschen sämtlicher Hirnfunktionen. Unter der Voraussetzung einer Garantenstellung gemäß § 13 ist auch das Unterlassen der Abwendung des Erfolges strafbar. Die gemäß § 13 Abs. 1 vorausgesetzte Vergleichbarkeit von Tun und Unterlassen ist hier unerheblich, da der Unrechtsgehalt sich in der zurechenbaren Verursachung des Erfolges erschöpft.

Eine Ausnahme gilt in Fällen der **Sterbehilfe**:

Hat der Sterbeprozess unumkehrbar eingesetzt, sodass lebenserhaltende Behandlungsmaßnahmen nicht mehr erfolgsversprechend sind, ist das Unterlassen der Ergreifung oder Fortsetzung solcher Maßnahmen mangels Garantenpflicht nicht strafbar **(passive Sterbehilfe)**.

Nicht strafbar ist auch die Verabreichung leidenslindernder Mittel mit der nicht beabsichtigten, sondern nur als notwendige Nebenfolge erkannten Verkürzung der verbleibenden Lebensspanne. Solche Fälle liegen außerhalb des Schutzzwecks des Tötungsverbots **(indirekte Sterbehilfe)**.

Nach a.A. soll die indirekte Sterbehilfe gemäß § 34 gerechtfertigt sein.

2. Die Feststellung des **Vorsatzes** bereitet beim Totschlag häufig besondere Schwierigkeiten. Nach st.Rspr. steht vor der Tötung eines anderen Menschen eine besonders hohe Hemmschwelle, deren Überwindung durch eine Abwägung der Umstände des Einzelfalles festgestellt werden muss. Maßgeblich hierfür können die Höhe des Risikos tödlicher Folgen, der Zweck der Handlung, Vor- und Nachtatverhalten, durch Affekt oder andere Gründe geminderte Einsichtsfähigkeit und eine Gesamtwürdigung der Täterpersönlichkeit sein.

Beispiel: Bei einer Silvesterparty spielten die befreundeten und alkoholisierten A und B im Wohnzimmer des Gastgebers „Wrestling". Dabei warf B den A mit einem Schulterwurf in den gläsernen Wohnzimmertisch, der dabei zu Bruch ging. Zornentbrannt stieß A dem B eine Scherbe mit voller Wucht seitlich in den Hals. Als er sah, was er angerichtet hatte, versuchte A verzweifelt, die Blutung des B aus der Halsschlagader zu stillen, rief den Rettungsdienst, erwartete diesen vor dem Hause und geleitete die Sanitäter in das Wohnzimmer. Immer wieder brachte er dabei sein Bedauern über die Folgen seiner Handlung zum Ausdruck. – Unter diesen Umständen führt eine Gesamtbewertung der Tat dazu, dass der Schluss von der Gefährlichkeit der Verletzungshandlung auf den Tötungswillen nicht zwingend ist und deshalb im Zweifel kein Tötungsvorsatz anzunehmen ist. Daher ist A zwar wegen Körperverletzung mit Todesfolge gemäß § 227, nicht aber wegen Totschlags oder Mordes zu bestrafen.

Eine andere Ansicht wäre hier mit entsprechender Begründung freilich vertretbar.

II. Rechtfertigungsgründe für die vorsätzliche Tötung kommen kaum in Betracht, da das menschliche Leben nach h.M. einer Abwägung mit anderen Rechtsgütern weder qualitativ noch quantitativ zugänglich ist.

1. Im Einzelfall möglich ist jedoch eine Rechtfertigung durch **Notwehr** gemäß § 32, da diese auf dem Rechtsbewährungsprinzip beruht und daher keine Güterabwägung voraussetzt. Für das dienstliche Handeln von Amtsträgern kommen außerdem **polizeirechtliche Bestimmungen** zum tödlichen Schusswaffengebrauch als Rechtfertigungsgrund in Betracht.

2. Eine **rechtfertigende** oder **mutmaßliche Einwilligung** scheidet bei einer vorsätzlichen Tötung grundsätzlich aus. Dies folgt aus § 216, der die vorsätzliche Tötung selbst dann unter Strafe stellt, wenn der Täter durch das ernstliche und ausdrückliche Verlangen zur Tat bestimmt wurde.

Eine Ausnahme gilt nach heutiger Rspr. und Lit. für Fälle von **Sterbehilfe** durch das Unterlassen der Einleitung oder Fortsetzung und den Abbruch von lebenserhaltenden Behandlungsmaßnahmen. Unabhängig davon, ob die Tat als Tun oder Unterlassen einzuordnen ist, kann ein solches Verhalten von Ärzten, Betreuern und Bevollmächtigten oder deren Hilfspersonen durch eine rechtfertigende oder mutmaßliche Einwilligung im Rahmen der §§ 1901 a ff. BGB gerechtfertigt sein, wenn der Abbruch dem Zweck diente, dem Willen des Betroffenen Geltung zu verschaffen.

III. Für die Feststellung der **Schuld** gelten die allgemeinen Regeln.

Das können vorsätzliche Tötungsdelikte, aber auch Fälle von §§ 224, 226 und § 227 bei gewalttätigen Auseinandersetzungen sein.

1. Zur Feststellung **alkoholbedingter Schuldunfähigkeit** gemäß § 20 ist zu beachten, dass die Grenzwerte der BAK nach st.Rspr. in Fällen schwerwiegender Gewaltkriminalität um 10% höher anzusetzen sind als in sonstigen Fällen. Daher dürfte bei Totschlag häufig ein Wert von 2,2‰ für erheblich verminderte Schuldfähigkeit gemäß § 21 und von 3,3‰ für alkoholbedingte Schuldunfähigkeit gemäß § 20 vorauszusetzen sein.

2. Als Entschuldigungsgrund kommt vor allem der **entschuldigende Notstand** gemäß § 35 Abs. 1 oder die irrige Annahme seiner Voraussetzungen gemäß § 35 Abs. 2 in Betracht. Außerdem stellt der Totschlag den typischen Anwendungsbereich des **übergesetzlichen entschuldigenden Notstandes** dar.

B. Mord gemäß § 211

Aufbauschema: Mord

I. Tatbestand

1. Objektiv

a) Tötung eines anderen Menschen (wie § 212)

b) Objektive Mordmerkmale, § 211 Abs. 2, 2. Gruppe

aa) Heimtückisch

bb) Grausam

cc) Mit gemeingefährlichen Mitteln

2. Subjektiv

a) Vorsatz

aa) Hinsichtlich der Tötung des anderen Menschen

bb) Hinsichtlich der objektiven Mordmerkmale

b) Absichtsmerkmale, § 211 Abs. 2, 3. Gruppe

aa) Handeln zur Ermöglichung einer anderen Straftat

bb) Handeln zur Verdeckung einer anderen Straftat

c) Motivmerkmale, § 211 Abs. 2, 1. Gruppe

aa) Handeln aus Mordlust

bb) Handeln zur Befriedigung des Geschlechtstriebs

cc) Handeln aus Habgier

dd) Sonst niedrige Beweggründe

II. Rechtswidrigkeit

III. Schuld

IV. Bei Heimtücke: **Strafmilderung analog § 49 Abs. 1**

Bei den Mordmerkmalen handelt es sich nach h.M. um objektive bzw. subjektive Tatbestandsmerkmale. Es empfiehlt sich, diese in den üblichen Prüfungsaufbau einzuordnen.

!

Die Gegenansicht, nach der es sich um spezielle Schuldmerkmale handelt, braucht in einer Klausur nicht erörtert zu werden.

I. Der **Tatbestand** sollte daher unbeschadet der Fassung des Wortlauts wie üblich aufgebaut werden.

1. Im **objektiven** Tatbestand ist

a) ggf. zunächst auf das Ergebnis der **vorherigen Prüfung** des **§ 212** zu verweisen.

!

Gleich mit der Prüfung des § 211 einzusteigen ist nur ratsam, wenn die Voraussetzungen des Totschlags völlig unproblematisch sind. Dessen objektiver Tatbestand ist dann hier zu prüfen.

b) Es schließt sich die Prüfung der **objektiven Mordmerkmale** an.

Das „Ausnutzungsbewusstsein und die feindliche Willensrichtung" gehören zum subjektiven Tatbestand.

aa) Heimtücke setzt das bewusste Ausnutzen der Arg- und Wehrlosigkeit des Opfers in feindlicher Willensrichtung voraus. **Arglos** ist, wer sich bei Eintritt der Tat in das Versuchsstadium keines Angriffs des Täters auf Leib oder Leben versieht. **Wehrlos** ist, wer *infolge seiner Arglosigkeit* zur Verteidigung außerstande oder in seiner Verteidigung stark eingeschränkt ist. Das **Ausnutzen** setzt voraus, dass die Tötung hierdurch erleichtert wurde.

Von diesen Grundsätzen werden **Ausnahmen** gemacht bei der

- **Tötung Schlafender**, wenn der Schlafende die Arglosigkeit mit in den Schlaf genommen hat,
- **Tötung Hilfloser**, z.B. von Kleinstkindern oder Schwerstkranken, wenn die Tötung unter **Ausnutzung der Arg- und Wehrlosigkeit schutzbereiter Dritter** geschieht,
- **Ausnutzung von Überraschungsangriffen**, wenn dem Opfer zwischen Entstehung von Argwohn und Eintritt der Tat in das Versuchsstadium keine Abwehrmöglichkeit verbleibt, und der
- **von langer Hand geplanten Tötung**, wenn das Opfer unter Ausnutzung seiner Arglosigkeit in die wehrlose Lage gebracht und unter Ausnutzung derselben wehrlosen Lage getötet wird.

Rechtfertigungs- und Entschuldigungsgründe hat man daher zweckmäßigerweise vorher bei § 212 sorgfältig geprüft.

Die unter diesen Voraussetzungen zwingend angedrohte lebenslange Freiheitsstrafe kann unter besonderen Umständen, z.B. in außergewöhnlichen Konfliktlagen, die die Tat aber weder rechtfertigen noch entschuldigen, unverhältnismäßig und daher verfassungswidrig erscheinen. Um die Verfassungsmäßigkeit der lebenslangen Freiheitsstrafe dennoch zu gewährleisten, werden in der Lit. verschiedene **Einschränkungen** diskutiert, um nur besonders verwerfliche Fälle der Tötung zu erfassen.

Nach der **Lehre von der negativen Typenkorrektur** haben die Mordmerkmale nur eine indizielle (typisierende) Bedeutung, sodass trotz heimtückischer Begehung wegen besonderer Umstände nur Totschlag anzunehmen sein kann (negative Korrektur).

Nach der Lehre vom Erfordernis eines **besonders verwerflichen Vertrauensbruchs** soll neben den o.g. Umständen ein Missbrauch sozial-positiver Verhaltensmuster erforderlich sein.

Zum Teil wird auch vertreten, Heimtücke setze ein **tückisch-verschlagenes Vorgehen** des Täters, die „gleichsam unehrliche Tötung", voraus.

Diese Einschränkungen werden von der Rspr. und der h.Lit. abgelehnt. Eine negative Typenkorrektur widerspreche dem zwingenden Charakter der Tatbestandsmerkmale. Das Erfordernis eines Vertrauensmissbrauchs würde die Annahme von Heimtücke bei fehlendem sozialen Kontakt zwischen Täter und Opfer sachwidrig ausschließen. Das tückisch-verschlagene Vorgehen liefe auf eine Gleichsetzung mit dem Merkmal der Hinterlist in § 224 hinaus, was dem Wortlaut widerspricht. Darüber hinaus sei keines der genannten Kriterien mit dem Bestimmtheitsgrundsatz des Art. 103 Abs. 2 GG zu vereinbaren.

Nach der Rspr. ist die Verhältnismäßigkeit der lebenslangen Freiheitsstrafe daher durch analoge Anwendung des § 49 Abs. 1 zu gewährleisten, was aber erst nach der Schuld zu prüfen ist.

bb) Grausamkeit setzt objektiv voraus, dass dem Opfer körperliche oder seelische Schmerzen oder Leiden zugefügt werden, die nach Stärke oder Dauer über das zur Tötung notwendige Maß hinausgehen.

Die subjektive Komponente der Grausamkeit wird im subjektiven Tatbestand geprüft.

cc) Gemeingefährliche Mittel sind solche, deren Wirkung nach der konkreten Anwendungsweise der Täter nicht in der Hand hat und durch die eine unbestimmte Anzahl von Menschen in Gefahr gebracht wird.

Beispiel: Sprengstoffattentate; Befahren der Autobahn in entgegengesetzter Fahrtrichtung in der Nacht ohne Beleuchtung.

Im Hinblick auf die Gleichstellungsklausel des § 13 erfüllt das Unterlassen der Abwendung einer gemeinen Gefahr, z.B. einer Gasexplosion, den Tatbestand nach Rspr. und h.Lit. nicht. Hierfür spricht, dass der Täter ggf. nur eine gemeingefährliche Lage zur Tat ausnutzt, nicht aber die Gefahrenquelle als Mittel zur Tat einsetzt.

2. Im **subjektiven Tatbestand**

a) muss sich der **Vorsatz** auf die Tötung des Opfers sowie die Umstände beziehen, die die objektiv festgestellten Mordmerkmale begründen.

Im Fall von **Heimtücke** muss sich der Täter der besonderen Umstände bewusst sein, die ihm die Tötung des Opfers erleichtern. Daran kann es im Einzelfall bei affektiver Erregung oder anderen psychischen Ausnahmesituationen fehlen. Das Handeln **in feindlicher Willensrichtung** ist ausgeschlossen, wenn der Täter aus nachvollziehbaren Gründen glaubt, zum Besten des Opfers zu handeln.

„Ausnutzungsbewusstsein"

In Betracht kommt das bei Mitleidstötungen.

Bei **Grausamkeit** ist über den Vorsatz hinaus ein Handeln aus gefühlloser unbarmherziger Gesinnung erforderlich.

b) Hiernach sind die **Absichtsmerkmale, § 211 Abs. 2, 3. Gruppe,** in Betracht zu ziehen.

aa) Handeln zur **Ermöglichung einer anderen Straftat** setzt voraus, dass die Tötungs*handlung*, also nicht notwendig der Erfolg, dem Zweck der leichteren oder schnelleren Begehung einer anderen Tat dient. Diese kann sowohl eine eigene als auch die eines Dritten sein und muss nur nach der subjektiven Vorstellung des Täters eine Straftat i.S.d. § 11 Abs. 1 Nr. 5 sein.

bb) Für das Handeln zur **Verdeckung einer anderen Straftat** gilt Entsprechendes. Bedingter Tötungsvorsatz und Verdeckungs*absicht* schließen sich nicht aus, wenn nicht nach Vorstellung des Täters der Tod des Opfers Voraussetzung der Verdeckung ist, z.B. weil das Opfer ihn erkannt hat. Dem Täter muss es um die Verdeckung der Tat oder seiner Beteiligung an der Tat gehen. Das ist ausgeschlossen, wenn beides bereits bekannt ist und sich der Täter nur der Festnahme zu entziehen sucht. Ohne Bedeutung ist, ob sich der Täter den strafrechtlichen Folgen der Tat zu entziehen sucht. Es genügt auch ein Handeln zur Vermeidung wirtschaftlicher oder familiärer Konsequenzen der zu verdeckenden Straftat.

Wer sich nur der Festnahme oder der Verantwortung für anderes Unrecht als einer Straftat zu entziehen sucht, handelt in der Regel aus **niedrigen Beweggründen**.

Beispiel: S hatte Schwiegertochter T beim Diebstahl eines Sparbuchs aus seiner Kommode entdeckt. Er drohte ihr, die Tat ihrem Mann zu offenbaren. Da T fürchtete, dieser werde sie dann aus dem Haus werfen und sie mit ihren kleinen Kindern sitzen lassen, erschlug sie den S mit einem Beil. – Auch wenn hier wegen § 247 – S hatte ja nicht mit einem Strafantrag gedroht – keine strafrechtlichen Konsequenzen des Diebstahls drohten, handelt es sich wegen Verdeckungsabsicht um Mord.

c) Es folgen die **Motivmerkmale, § 211 Abs. 2, 1. Gruppe**.

aa) Aus **Mordlust** tötet, wer um des Tötens selber willen handelt, wenn der Tod des Opfers also der alleinige Zweck der Handlung ist.

bb) Handeln **zur Befriedigung des Geschlechtstriebs** liegt vor, wenn die Tötung in innerem Zusammenhang mit der Befriedigung des Geschlechtstriebs steht, z.B. bei einer Sexualstraftat.

cc) Habgier ist ein durch ungehemmte Eigensucht geprägtes sittlich anstößiges Gewinnstreben um jeden Preis, sei es zur Erlangung materieller Vorteile aus der Tat oder zur Vermeidung von Aufwendungen.

Beispiel: Der Auftragsmord gegen Belohnung; Töten wegen einer Erbschaft.

dd) Sonst niedrige Beweggründe sind solche, die nach allgemeiner Bewertung auf sittlich tiefster Stufe stehen und deshalb besonders verachtenswert sind, weil Tötungsanlass und -unrecht in einem besonderen Missverhältnis stehen. In Betracht kommen vor allem den gesetzlich genannten Absichts- und Motivmerkmalen vergleichbare Beweggründe.

Rache, Eifersucht u.Ä. stellen nur dann niedrige Beweggründe dar, wenn die ihnen zugrundeliegenden Motive ihrerseits besonders verachtenswert sind.

II. Für die **Rechtswidrigkeit** gelten die Ausführungen zu § 212.

III. Auch für die **Schuld** sind die dort genannten Besonderheiten zu beachten.

IV. In **Fällen von Heimtücke** (und nur dann) kommt nach st.Rspr. eine **Strafmilderung analog § 49 Abs. 1** in Betracht, soweit wegen der besonderen Umstände des Einzelfalls, die diesen in milderem Licht erscheinen lassen, die Verhängung lebenslanger Freiheitsstrafe unverhältnismäßig und daher verfassungswidrig wäre. Dies kommt jedoch nur nach sorgfältiger Prüfung aller Voraussetzungen der Heimtücke und aller anderen Strafausschluss- oder -milderungsgründe bei außergewöhnlichen Umständen, z.B. als ausweglos empfundenen notstandsähnlichen Konfliktsituationen, in Betracht.

Das ist die sogenannte „Rechtsfolgenlösung" des BGH.

Die für die Strafaussetzung zur Bewährung gemäß §§ 57 a und 57 b maßgebliche Feststellung der besonderen Schwere der Schuld ist nicht zu prüfen.

!

C. Beteiligung an Mord und Totschlag

Die Beteiligung mehrerer an Mord und Totschlag ist ein typisches Thema von Prüfungsklausuren und verdient daher eine gesonderte Darstellung.

Die Problematik entsteht aus dem unterschiedlichen systematischen Verständnis des Verhältnisses dieser Delikte in Rspr. und Lit. Wie erwähnt, hält die Rspr. Mord und Totschlag für Delikte mit eigenständigem Unrechtsgehalt, während die Lit. den Mord als Qualifikation des Totschlags ansieht.

Die Mordmerkmale des § 211 Abs. 2, 1. und 3. Gruppe sind nach Rspr. und h.Lit. besondere persönliche Merkmale gemäß § 28. Dieser unterscheidet in Abs. 1 und 2 danach, ob es sich um strafbegründende oder um strafschärfende, -mildernde oder -ausschließende Merkmale handelt.

Nach einer weiteren Ansicht sollen die Mordmerkmale als Schuldmerkmale anzusehen sein, sodass für die Teilnahmestrafbarkeit § 29 anzuwenden ist. In einer Zwischenprüfungsklausur muss das nicht erörtert werden.

Für die Rspr. sind die Mordmerkmale danach straf*begründende* Tatbestandsmerkmale, sodass nach den für die Teilnahme geltenden Akzessorietätsregeln Anstifter und Gehilfen wegen Teilnahme am

Mord zu bestrafen sind, wenn ihr Vorsatz diese Umstände umfasst. Allerdings ist die Strafe des Teilnehmers gemäß § 28 Abs. 1 zu mildern, wenn ihm das die Strafbarkeit des Täters begründende persönliche Merkmal fehlt. Hat der Täter nur den Tatbestand des Totschlags erfüllt, kann der Teilnehmer andererseits auch nur wegen Teilnahme am Totschlag bestraft werden, selbst wenn er selbst eines der subjektiven Mordmerkmale erfüllt.

Nach der Lit. handelt es sich dagegen um straf*schärfende* persönliche Merkmale gemäß § 28 Abs. 2, der die Akzessorietät der Teilnahme durchbricht. Eine Teilnahme am Mord kommt danach nur in Betracht, wenn der Teilnehmer selbst ein subjektives Mordmerkmal aufweist, und sein Vorsatz braucht sich auf das subjektive Mordmerkmal des Täters auch nicht zu erstrecken. Eine Teilnahme am Mord liegt in diesem Fall selbst dann vor, wenn der Täter nur den Tatbestand des Totschlags erfüllt hat. § 28 Abs. 1 ist hiernach nicht anwendbar.

Für die Strafbarkeit einer Teilnahme am heimtückischen, grausamen oder mit gemeingefährlichen Mitteln begangenen Mord ist der Streit ohne Bedeutung, da es sich dabei um tatbezogene Merkmale handelt, für deren Anwendung unstreitig die allgemeinen Akzessorietätsregeln gelten.

!

Soweit nach der Lit. § 28 Abs. 2 anzuwenden ist, braucht sich der Vorsatz eines Beteiligten nicht auf die subjektiven Mordmerkmale eines anderen Beteiligten zu erstrecken. Dies zu prüfen ist ein häufiger Fehler. Nachfolgend spielen wir die verschiedenen Beteiligungskonstellationen durch, um die jeweilige Lösung darzustellen.

Beachte:
Bei mittelbarer Täterschaft kann ein doloser Tatmittler auch Gehilfe des mittelbaren Täters sein.

I. In Fällen **mittelbarer Täterschaft** kommt es nur darauf an, ob dem mittelbaren Täter die Verwirklichung der objektiven Mordmerkmale zuzurechnen ist oder ob er subjektive Mordmerkmale selbst aufweist. Die Teilnahmeproblematik stellt sich nur, wenn der Teilnehmer in Fällen von Täterschaft hinter dem Täter selbst dolos handelt und daher seine Strafbarkeit wegen Beihilfe in Betracht kommt.

Beispiel: Stationsarzt A zwingt aus niedrigen Beweggründen die Pflegeschwester S mit der Drohung, sonst für ihre Kündigung zu sorgen, die Behandlung eines todkranken Patienten abzubrechen, obwohl die Voraussetzungen zulässiger Sterbehilfe, wie beide wissen, nicht vorliegen. – Hier hat sich S wegen Totschlags gemäß § 212 strafbar gemacht, da die Drohung des A für S weder rechtfertigenden noch entschuldigenden Notstand begründet.

Geht man wegen der Weisungshierarchie und des von A ausgeübten Drucks von seiner mittelbaren Täterschaft aus, so hat sich A wegen Mordes in mittelbarer Täterschaft gemäß §§ 211, 25 Abs. 1 Alt. 2 strafbar gemacht.

Kannte S die Beweggründe des A, stellt sich weiter die Frage, ob S auch wegen Beihilfe zum Mord gemäß §§ 211, 27 bestraft werden muss; dazu weiter unten S. 15.

II. Bei **Mittäterschaft** kommen Rspr. und Lit. zu denselben Lösungen. Wurden aufgrund des gemeinsamen Tatplans tatbezogene Mordmerkmale verwirklicht, werden diese unter Mittätern zugerechnet. Wegen eines subjektiven Mordmerkmals kann dagegen nur derjenige Mittäter bestraft werden, der dies selbst aufweist. Das folgt für die Rspr. aus dem subjektiven Charakter dieser Tatbestandsmerkmale, der eine Zurechnung nicht erlaubt. Für die Lit. folgt dasselbe aus § 28 Abs. 2. Mittäter haften also nach allgemeiner Ansicht nicht akzessorisch. Daher kommt es auch nicht darauf an, ob der eine Vorsatz hinsichtlich der subjektiven Mordmerkmale des anderen hat.

Keine Akzessorietät bei Mittäterschaft

Beispiel: A und B töten gemeinschaftlich den O. B weiß, dass A zur Verdeckung einer Straftat handelt, ihm ist dies jedoch egal. – Hier ist A wegen gemeinschaftlichen Mordes zu bestrafen. B kann nur wegen gemeinschaftlichen Totschlags bestraft werden, denn er handelt nicht in Verdeckungsabsicht und seine Kenntnis der Verdeckungsabsicht des A begründet keine Strafbarkeit wegen Mordes.

Darüber hinaus kommt jedoch eine Strafbarkeit des B wegen Beihilfe zu dem von A begangenen Mord in Betracht, soweit in dem eigenen Beitrag des B eine Hilfeleistung zur Tat des A zu sehen ist. Dazu nachfolgend.

III. Für **Anstiftung** und **Beihilfe** gilt dagegen der **Grundsatz der limitierten Akzessorietät.**

Danach ist die Strafbarkeit der Teilnahme gemäß §§ 26, 27 abhängig vom Vorliegen einer vorsätzlich-tatbestandsmäßigen und rechtswidrigen Tat eines anderen. Schuldhaft braucht gemäß § 29 jedoch nur der Teilnehmer gehandelt zu haben. Der Schuldspruch und der anzuwendende Strafrahmen richten sich für den Teilnehmer (abgesehen von § 27 Abs. 2) nach der Haupttat. Jedoch kann es wegen § 28 Abs. 2 hinsichtlich des Schuldspruchs zu einer „Tatbestandsverschiebung" kommen, sodass Täter und Teilnehmer trotz Beteiligung an derselben Tat unterschiedlicher Delikte schuldig gesprochen werden. Zudem kann gemäß § 28 Abs. 1 die Strafe des Teilnehmers trotz Anwendbarkeit desselben Tatbestandes zu mildern sein.

Nach a.A. soll § 28 Abs. 2 eine Strafrahmenmilderung zur Folge haben, sodass ggf. des Mordes schuldig zu sprechen, aber der Strafrahmen des Totschlags anzuwenden wäre.

Danach muss für die Teilnahmestrafbarkeit im Hinblick auf die Akzessorietätslockerungen des § 28 zwischen tatbezogenen und täterbezogenen persönlichen Mordmerkmalen unterschieden werden.

1. Bei **tatbezogenen Mordmerkmalen** gelten nach allgemeiner Ansicht strenge Akzessorietätsregeln. Der Teilnehmer wird danach gleich dem Täter bestraft, soweit sein Vorsatz sich auf die dafür maßgebenden Umstände erstreckt.

Beispiel: Der Anstifter eines grausamen Mordes wird gemäß §§ 211, 26 bestraft, wenn er die die Grausamkeit begründenden Umstände kannte und billigte. Entsprechendes gilt für den Gehilfen eines mit gemeingefährlichen Mitteln begangenen Mordes.

2. Bei **täterbezogenen Merkmalen** des § 211 Abs. 2, 1. und 3. Gruppe hängt die Strafbarkeit dagegen unter Umständen vom Verhältnis von Mord und Totschlag ab.

a) Handelt es sich bei der **Haupttat** um **Totschlag**, ist der Streit nur von Belang, wenn der Teilnehmer ein Mordmerkmal aufweist.

aa) Weist auch der **Teilnehmer keine Mordmerkmale** auf, so handelt es sich um Teilnahme am Totschlag. Stellt er sich darüber hinaus vor, der Täter verwirkliche ein subjektives Mordmerkmal, so kommt daneben eine versuchte Anstiftung zum Mord gemäß §§ 211, 30 Abs. 1 in Betracht.

Beispiel: A stiftet T zu einem Totschlag an in der irrigen Annahme, dieser handele aus Habgier, hat aber selbst keine niedrigen Beweggründe. – Hier kommen Rspr. und Lit. zunächst übereinstimmend zu dem Ergebnis, dass A wegen Anstiftung zum Totschlag gemäß §§ 212, 26 zu verurteilen ist.

Darüber hinaus kommt eine Strafbarkeit wegen versuchter Anstiftung zum Mord gemäß §§ 211, 30 Abs. 1 in Betracht. Das setzt nach der Rspr. voraus, dass sich der Tatentschluss des A darauf bezieht, dass T unter Verwirklichung eines Mordmerkmals handeln werde. Da A glaubt, T handele aus Habgier, ist das der Fall. Danach ist A zusätzlich gemäß §§ 211, 30 Abs. 1 zu verurteilen, wobei seine Strafe gemäß §§ 30 Abs. 1, 28 Abs. 1 zweimal zu mildern wäre.

Nach der Lit. wären Mordmerkmale des T nur von Bedeutung, wenn es sich um tatbezogene Merkmale handeln würde. Subjektive Mordmerkmale sind für den Tatentschluss gemäß § 28 Abs. 2 nur von Bedeutung, soweit A selbst solche aufweist. Da A nicht davon ausgeht, T werde objektive Mordmerkmale verwirklichen, und selbst auch kein subjektives Mordmerkmal aufweist, scheidet eine versuchte Anstiftung zum Mord nach der Lit. aus.

bb) Weist der **Teilnehmer** subjektive **Mordmerkmale** auf, so sind diese nur bei Anwendung des § 28 Abs. 2 von Bedeutung. Da die Rspr. dies ablehnt, kann der Teilnehmer nur der Teilnahme am Totschlag schuldig gesprochen werden. In Betracht käme aufgrund der eigenen Mordmerkmale allenfalls eine Teilnahme am Totschlag in einem besonders schweren Fall gemäß § 212 Abs. 2. Nach der Lit. muss die Anwendung des § 28 Abs. 2 dagegen zu einer Strafbarkeit wegen Teilnahme am Mord führen, obwohl die Haupttat ein Totschlag ist.

Beispiel: A säht Zwietracht zwischen B und C und stiftet B auf diese Weise zu einem Totschlag an C an, weil er fürchtet, von diesem wegen einer Straftat denunziert zu werden. – Nach der Rspr. handelt es sich um Anstiftung zum Totschlag gemäß §§ 212, 26. Nach der Lit. ist A gemäß §§ 211, 26, 28 Abs. 2 wegen

Anstiftung zum Mord zu bestrafen, weil er selbst zur Verdeckung einer Straftat handelte.

b) Handelt es sich bei der **Haupttat** um **Mord**, so kommt es nach der Rspr. darauf an, ob der Teilnehmer dies weiß, nach der Lit. darauf, ob er selbst subjektive Mordmerkmale aufweist.

aa) Verwirklicht der **Teilnehmer** selbst **keine Mordmerkmale**, ist dies nach der Rspr. erst für die Strafzumessung von Bedeutung: Zwar ist bei Vorsatz des Teilnehmers nach Akzessorietätsregeln wegen Teilnahme am Mord zu verurteilen, jedoch ist die Strafe gemäß § 28 Abs. 1 zu mildern. Nach der Lit. handelt es sich um Teilnahme am Totschlag. § 28 Abs. 1 ist nicht anwendbar, da die Mordmerkmale keine strafbegründenden Merkmale sind.

§ 28 Abs. 1 ist nur eine Strafzumessungsregel und gehört daher nicht in die Prüfung der Tatbestandsmäßigkeit!

Beispiel: G leistet Hilfe zu einem – wie er weiß – aus niedrigen Beweggründen begangenen Mord. Er selbst weist kein Mordmerkmal auf.

Nach der Rspr. handelt es sich um Beihilfe zum Mord gemäß §§ 211, 27, jedoch ist gemäß § 28 Abs. 1 die Strafe (neben § 27 Abs. 2 doppelt) zu mildern. Nach der Lit. sind die niedrigen Beweggründe des Täters gemäß § 28 Abs. 2 für den Teilnehmer ohne Bedeutung. § 28 Abs. 1 ist nicht anwendbar, da die Mordmerkmale keine strafbegründenden Merkmale sind. G ist daher wegen Beihilfe zum Totschlag gemäß §§ 212, 27, 28 Abs. 2 zu bestrafen.

Aufgrund der doppelten Strafmilderung liegt die Strafe nach der Rspr. unter derjenigen nach der Lit.!

bb) Verwirklicht der **Teilnehmer** ebenfalls **Mordmerkmale**, ist dies für die Rspr. erst bei der Strafzumessung, für die Lit. aber gemäß § 28 Abs. 2 schon für die Tatbestandsmäßigkeit von Bedeutung.

Die von der Rspr. angewandten Akzessorietätsregeln führen bei Vorsatz des Teilnehmers zur Annahme einer Teilnahme am Mord. Fraglich ist jedoch die Strafmilderung gemäß § 28 Abs. 1: Weist der Teilnehmer dasselbe Mordmerkmal auf wie der Täter, so entfällt die Strafmilderung. Eine Strafmilderung müsste nach dem Wortlaut aber auch dann eintreten, wenn der Teilnehmer ein anderes Mordmerkmal aufweist, als der Täter. Dieses unbillig erscheinende Ergebnis vermeidet die Rspr. durch die sogenannten „gekreuzten Mordmerkmale". Weist der Teilnehmer ein anderes Mordmerkmal auf als der Täter, das diesem jedoch in Unrechts- und Schuldgehalt vergleichbar erscheint, so wird die Strafe – entgegen dem Gesetzeswortlaut – nicht gemildert. Vergleichbar in diesem Sinne sind zunächst die Mordmerkmale des § 211 Abs. 1, 1. Gruppe, da nach dessen Wortlaut „oder sonst" die besonders benannten Motive spezielle Fälle von niedrigen Beweggründen und daher vergleichbar sind. Nach verbreiteter Ansicht kann jedoch auch von einer Vergleichbarkeit von Merkmalen der 1. Gruppe mit solchen der 3. Gruppe ausgegangen werden.

Tatbezogene Merkmale des § 211 Abs. 2, 2. Gruppe sind den anderen Merkmalen selbstredend nicht vergleichbar!

Nach der Lit. kommt es für den Tatbestand der Teilnahme gemäß § 28 Abs. 2 ausschließlich darauf an, ob der Teilnehmer selbst ein persönliches Mordmerkmal verwirklicht. § 28 Abs. 1 ist nicht anwendbar, da die Mordmerkmale keine strafbegründenden Merkmale sind.

Beispiel: T tötet O in Verdeckungsabsicht. G leistet Beihilfe in Kenntnis dieser Absicht, hat jedoch selbst nur einen anderen niedrigen Beweggrund. – Nach der Lit. ist G strafbar wegen Beihilfe zum Mord gemäß §§ 211, 27, 28 Abs. 2 wegen seiner eigenen niedrigen Beweggründe. Nach der Rspr. ist G ebenfalls wegen Beihilfe zum Mord zu bestrafen, und zwar wegen seiner Kenntnis von der Habgier des T. Jedoch wäre seine Strafe eigentlich gemäß § 28 Abs. 1 zu mildern, da ihm die Verdeckungsabsicht fehlt, die die Strafbarkeit des T nach der Rspr. begründet. Die Rspr. versagt ihm jedoch die Strafmilderung, da er selbst ein Mordmerkmal vergleichbarer Art aufweise.

IV. Und wer hat Recht?

Für die Rspr. werden als Argumente der Wortlaut des Gesetzes, das von „Mörder", „Totschläger" und „ohne Mörder zu sein" spricht, angeführt und die systematische Reihenfolge der Tatbestände, nach der eine Qualifikation erst nach dem Grundtatbestand erscheinen müsste.

Jedoch geht die Wortwahl des Gesetzes auf die zur Zeit seiner Entstehung (1941) verbreitete, heute überholte Tätertypenlehre zurück und hat daher für die Auslegung keine Bedeutung mehr. Die Stellung der Tatbestände im Gesetz lässt sich auf die abgestufte Strafdrohung der §§ 211, 212, 216 zurückführen. Nach dem verkörperten Unrechtsgehalt handelt es sich bei § 211 um eine Qualifikation, bei § 216 um eine Privilegierung des § 212. Zudem lassen sich die von der Rspr. für notwendig gehaltenen Korrekturen hinsichtlich der Strafrahmen („gekreuzte Mordmerkmale") vermeiden, indem man der Literaturansicht folgt.

D. Fahrlässige Tötung gemäß § 222

Aufbauschema: Fahrlässige Tötung

I. Tatbestand
1. Verursachung des Todes eines anderen Menschen
2. Fahrlässigkeit
   a) Verletzung der objektiv gebotenen Sorgfalt
   b) Objektive Vorhersehbarkeit der Folgen
3. Objektive Zurechnung

II. Rechtswidrigkeit

III. Schuld, insbesondere Fahrlässigkeitsschuld

Eine fahrlässige Tötung kommt als Auffangtatbestand immer dann in Betracht, wenn ein Tötungsvorsatz nicht festzustellen ist. Auch § 227 geht der Prüfung des § 222 vor.

Die Prüfung der Verursachung des tatbestandsmäßigen Erfolges folgt den zu § 212 dargestellten Regeln.

Für die Prüfung von Fahrlässigkeit, objektiver Zurechnung und Fahrlässigkeitsschuld gelten die allgemeinen für fahrlässige Erfolgsdelikte geltenden Regeln.

Als Rechtfertigungsgrund kommt nach heute h.M. und Rspr. auch eine rechtfertigende oder mutmaßliche Einwilligung in Betracht. Deren Zulässigkeit ist jedoch durch die den §§ 216 und 228 zu entnehmenden Wertungen begrenzt. Dabei ist davon auszugehen, dass die Einwilligung umso eher unzulässig ist, je konkreter die Gefahr tödlicher Folgen der das Leben gefährdenden Handlung ist, solange die Gefährdung nicht durch einen billigenswerten Zweck kompensiert wird.

Beispiel: Kommt bei einem einvernehmlich durchgeführten, aber verbotenen Autorennen im öffentlichen Straßenverkehr ein Beteiligter ums Leben, so ist die hochgradige Gefährdung seines Lebens durch keinen vernünftigen Zweck aufzuwiegen.

Wirft bei einem Brand der Feuerwehrmann ein Kind aus dem dritten Stock in die Arme eines anderen, so kann die darin liegende Gefährdung durch den Rettungszweck legitimiert sein.

1. In welchem systematischen Verhältnis stehen Mord und Totschlag zueinander?

1. Nach der Rspr. handelt es sich um Delikte mit selbstständigem Unrechtsgehalt. Nach der Lit. stellt der Mord einen Qualifikationstatbestand des Totschlags dar.

2. Was folgt daraus für die Strafbarkeit der Teilnahme an Mord und Totschlag?

2. Nach der Rspr. sind Anstifter und Gehilfen akzessorisch zu bestrafen, also nach dem Tatbestand, den der Täter erfüllt, soweit sich der Vorsatz des Teilnehmers auf diese Umstände bezieht. Nach der Lit. gilt dies nur für die objektiven Mordmerkmale. Für die subjektiven Mordmerkmale ist die Akzessorietät der Teilnahme jedoch durch § 28 Abs. 2 durchbrochen, sodass jeder Beteiligte nur wegen eines solchen Merkmals bestraft wird, das er selbst aufweist. Das Fehlen eines persönlichen Mordmerkmals führt nach der Rspr. beim Teilnehmer zur Strafmilderung gemäß § 28 Abs. 1, der nach der Lit. nicht anwendbar ist.

3. Warum ist Beihilfe zum Selbstmord nicht strafbar?

3. Da die Teilnahme gemäß §§ 26, 27 eine rechtswidrige Tat gemäß § 11 Abs. 1 Nr. 5 voraussetzt und die Selbsttötung den Tatbestand der §§ 212, 211 nicht erfüllt, ist die Teilnahme daran nicht tatbestandsmäßig. Für die geschäftsmäßige Förderung gilt jedoch § 217.

4. Wann ist Sterbehilfe ausnahmsweise zulässig?

4. Nach h.M. kann Sterbehilfe in Form der passiven und der indirekten Sterbehilfe sowie als Behandlungsabbruch unter den Voraussetzungen der §§ 1901 a ff. BGB nach den Regeln rechtfertigender oder mutmaßlicher Einwilligung straflos sein.

5. Welche Besonderheiten gelten für Heimtücke im Hinblick auf die Androhung lebenslanger Freiheitsstrafe?

5. Die lebenslange Freiheitsstrafe kann unter besonderen Umständen bei einer heimtückischen Tötung unverhältnismäßig sein. In der Lit. werden daher Einschränkungen im Tatbestand durch einen besonders verwerflichen Vertrauensbruch, eine negative Typenkorrektur oder ein tückisch-verschlagenes Vorgehen in Betracht gezogen. In der Rspr. wird in solchen Fällen die Strafe analog § 49 Abs. 1 gemildert.

6. Kann eine fahrlässige Tötung Gegenstand rechtfertigender Einwilligung sein?

6. Dies ist nach heute h.M. grundsätzlich möglich, jedoch sind an die Zulässigkeit besondere Anforderungen zu stellen, die sich aus den §§ 216 und 228 zu entnehmenden Wertungen ergeben.

2. Abschnitt: Körperverletzungsdelikte

Von den Körperverletzungsdelikten des 17. Abschnitts sind hier die einfache, die gefährliche und die schwere Körperverletzung gemäß §§ 223, 224 und 226, die Körperverletzung mit Todesfolge gemäß § 227 und die fahrlässige Körperverletzung gemäß § 229 wichtig.

Die Misshandlung von Schutzbefohlenen gemäß § 225 stellt eine Qualifikation des § 223 zum Schutze von besonders der Fürsorge Bedürftigen dar, enthält aber mit bestimmten seelischen Beeinträchtigungen auch selbstständiges darüber hinaus gehendes Unrecht. Mit den anderen Qualifikationen des § 223 kann Tateinheit bestehen. § 226 a stellt eine – praktisch bedeutungslose – eigenständige Qualifikation dar. Der Tatbestand der Beteiligung an einer Schlägerei gemäß § 231 stellt als abstraktes Gefährdungsdelikt im allgemeinen Interesse jede Beteiligung an einer Schlägerei unter Strafe, auch wenn darin keine Körperverletzung liegt. Grund ist die Gefährlichkeit von Schlägereien und die Schwierigkeit, die Einzelverantwortung der Beteiligten für schwere Folgen aufzuklären. Mit den Körperverletzungsdelikten kann Tateinheit bestehen.

Daher gibt es bei § 231 keine rechtfertigende Einwilligung und kein Strafantragserfordernis.

Die §§ 224 ff. stellen Qualifikationen des § 223 dar, der deshalb ggf. hinter diesen zurücktritt. Unter den Qualifikationen treten §§ 224 und 226 hinter § 227 zurück, soweit ihr Unrechtsgehalt von diesem erfasst wird. Im Übrigen besteht Tateinheit. Das gilt auch für das Verhältnis von § 224 und § 226. Gegenüber vorsätzlichen Tötungsdelikten treten §§ 223 und 224 wegen Subsidiarität zurück, während § 226 dazu in Tateinheit konkurrieren kann.

Alle Körperverletzungsdelikte können, wie § 228 zeigt, durch Einwilligung oder mutmaßliche Einwilligung gerechtfertigt sein. Jedoch schränkt § 228 die Zulässigkeit der Einwilligung insoweit ein, als die Tat – nicht die Einwilligung selbst – nicht gegen die guten Sitten, also das Anstandsgefühl aller billig und gerecht Denkenden, verstoßen darf. Dies hängt nach h.M. nicht von dem mit der Tat verfolgten Zweck, sondern davon ab, welche Gefahren mit der Handlung verbunden sind. Bei lebensgefährdenden Verletzungshandlungen kann der Unwert der Tat durch einen billigenswerten Zweck ausgeglichen werden. Bei Massenschlägereien ist nach der Rspr. auch das damit verbundene Eskalationspotenzial und ggf. die sich aus § 231 ergebende Wertung zu berücksichtigen.

Beispiel: Dient die Misshandlung dem Rauschgiftkonsum oder der Befriedigung sexueller Bedürfnisse, folgt hieraus noch kein Verstoß gegen die guten Sitten. Dieser kann sich aber aus der Gefahr für das Leben oder der Verursachung von Suchtgefahren ergeben. Ein lebensgefährlicher medizinischer Eingriff kann dagegen durch den Behandlungszweck legitimiert sein.

! *In der Falllösung sollte man aus Gründen der Übersichtlichkeit zunächst § 223 und dann erst die in Betracht kommenden Qualifikationen prüfen. Fehlt es an der Vollendungsstrafbarkeit, kommt für alle Tatbestände eine Versuchsstrafbarkeit in Betracht. Fehlt der Vorsatz, kommt fahrlässige Körperverletzung gemäß § 222 in Betracht. Die Prüfung vorsätzlicher Tötungsdelikte geht in jedem Falle vor.*

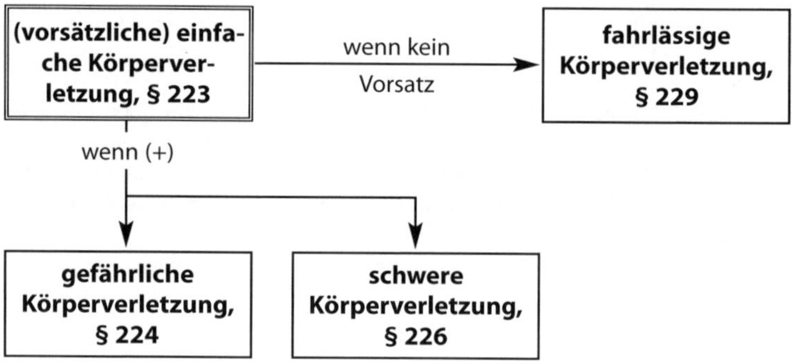

A. Körperverletzung gemäß § 223 Abs. 1

Der Tatbestand der Körperverletzung schützt nicht nur die körperliche Unversehrtheit, sondern auch die seelische Gesundheit.

Aufbauschema: Körperverletzung

I. Tatbestand
- **1. Objektiv**
  - **a)** Tatopfer: anderer lebender Mensch
  - **b)** Tathandlung und -erfolg:
    - **aa)** Körperliche Misshandlung
    - **bb)** Gesundheitsschädigung
- **2. Subjektiv:** Vorsatz

II. Rechtswidrigkeit

III. Schuld

IV. Strafantrag oder **amtswegige Verfolgung wegen besonderen öffentlichen Interesses, § 230**

I. Der **Tatbestand** setzt

1. objektiv

a) als taugliches Opfer einen **lebenden anderen Menschen** voraus. Insoweit gelten die Ausführungen zum Totschlag.

Körperliche Eingriffe an einer Leibesfrucht sind daher nicht erfasst.

b) Die beiden **Tathandlung**svarianten können nebeneinander vorliegen.

aa) Körperliche Misshandlung ist jede üble, unangemessene Behandlung, durch die das körperliche Wohlbefinden oder die körperliche Unversehrtheit mehr als nur unerheblich beeinträchtigt werden.

bb) Gesundheitsschädigung ist das Hervorrufen oder Steigern eines krankhaften Zustandes. Hierunter fällt auch die Beeinträchtigung des seelischen Gesundheitszustandes.

Auch der kunstgerecht zu Heilzwecken vorgenommene und gelungene **ärztliche Heileingriff** stellt unter diesen Voraussetzungen nach st.Rspr. und wohl h.Lit. eine tatbestandsmäßige Handlung dar und ist im Regelfall nur unter den Voraussetzungen rechtfertigender oder mutmaßlicher Einwilligung nicht strafbar.

Dies dient dem Schutz der Dispositionsfreiheit des Patienten, da eine rechtfertigende Einwilligung nur im Falle seiner hinreichenden Aufklärung wirksam ist.

2. Für den **Vorsatz** sowie die

II. Rechtswidrigkeit gelten die allgemeinen Regeln. Die **rechtfertigende Einwilligung** in einen ärztlichen Heileingriff setzt – neben der Einwilligungsfähigkeit – insbesondere eine ausreichende Aufklärung gemäß §§ 630 d und 630 e BGB über Chancen und Risiken des Eingriffs voraus. Deren Fehlen führt regelmäßig zur Unwirksamkeit der Einwilligung, es sei denn, der Patient hätte auch im Falle ordnungsgemäßer Aufklärung seine Einwilligung erklärt. Diese Fallgestaltung bezeichnet man in der st. Rspr. als **hypothetische Einwilligung**.

In der Lit. ist umstritten, ob dieses Rechtsinstitut eine Berechtigung hat und ob es sich ggf. um einen eigenständigen Rechtfertigungsgrund oder ein eigenständiges Prinzip objektiver Zurechnung handelt. Ungeklärt sind auch das Verhältnis zur mutmaßlichen Einwilligung und die Anwendbarkeit auf andere Fälle von Körperverletzung.

Für die Berücksichtigung der hypothetischen Einwilligung spricht, dass sie inzwischen durch die Regelung des § 630h Abs. 2 BGB ausdrücklich anerkannt ist. Ein nach bürgerlichem Recht gerechtfertigtes Handeln kann aber nicht strafbar sein. Es bietet sich an, die hypothetische Einwilligung bei der Frage zu prüfen, ob die mangelhafte Aufklärung zur Unwirksamkeit der Einwilligung führt.

III. Auch für die **Schuld** gelten die allgemeinen Regeln.

IV. Das **Strafantragsrecht** geht beim Tode des Verletzten gemäß §§ 77 Abs. 2, 230 auf die Angehörigen über.

B. Gefährliche Körperverletzung gemäß § 224 Abs. 1

Der Tatbestand der gefährlichen Körperverletzung erfasst als Qualifikation besonders gefährliche Begehungsweisen der Körperverletzung.

Aufbauschema: Gefährliche Körperverletzung

I. Tatbestand
- **1. Objektiv**
  - **a)** Körperliche Misshandlung oder Gesundheitsschädigung gemäß § 223 Abs. 1
  - **b)** Qualifikation gemäß § 224 Abs. 1
    - **aa)** Beibringen von Gift oder anderen gesundheitsschädlichen Stoffen
    - **bb)** Begehung mittels einer Waffe oder eines anderen gefährlichen Werkzeugs
    - **cc)** Begehung mittels eines hinterlistigen Überfalls
    - **dd)** Begehung gemeinschaftlich mit einem anderen Beteiligten
    - **ee)** Begehung mittels einer das Leben gefährdenden Behandlung
- **2. Subjektiv:** Vorsatz

II. Rechtswidrigkeit

III. Schuld

! *Im Tatbestand kann man auch zuerst den objektiven und subjektiven Tatbestand des § 223 Abs. 1 und dann die objektiven und subjektiven Voraussetzungen der Qualifikation prüfen. Eine doppelte Vorsatzprüfung lässt sich vermeiden, wenn man den o.g. Aufbau wählt.*

I. Im **Tatbestand** stellt man

1. objektiv

a) zunächst das objektive Vorliegen einer **Körperverletzung** gemäß § 223 Abs. 1 fest, die man vorher ja geprüft hat, und geht dann

b) auf die **objektiven Voraussetzungen** der **Qualifikationen** ein.

aa) Gift i.S.v. **Nr. 1** ist ein spezieller Fall eines gesundheitsschädlichen Stoffes. Der Unterschied liegt in der Wirkungsweise: **Gift** ist jede organische oder anorganische Substanz, die chemisch oder chemisch-physikalisch die Gesundheit zu beeinträchtigen vermag. **Andere Stoffe** sind solche, die mechanisch, thermisch oder biologisch wirken. **Gesundheitsschädlich** sind Gift und andere Stoffe, wenn sie in der konkreten Art und Weise ihrer Verwendung, also nach Dosierung, Anwendungsweise und Opferkonstitution geeignet sind, erhebliche (über die einfache Körperverletzung hinausgehende) Körperverletzungen herbeizuführen. Dabei muss es sich nicht notwendig um lebensgefährliche oder schwere Folgen gemäß § 226 handeln.

Das **Beibringen** setzt voraus, das Tatmittel mit dem Körper des Opfers derart in Verbindung zu bringen, dass dieses seine Wirkung entfalten kann. Die Misshandlung oder Gesundheitsschädigung muss gerade *durch* das Gift oder den Stoff verursacht worden sein. Jedoch brauchen keine über den Grundtatbestand hinausgehende erhebliche Folgen eingetreten zu sein.

Ggf. wäre § 226 zu prüfen.

Beispiel: Ein vierjähriges Kind zum Verzehr einer völlig versalzenen Speise zu zwingen, kann danach gefährliche Körperverletzung sein, wenn das Salz nach seiner Dosierung bei dem Kind geeignet ist, erhebliche Gesundheitsschäden zu verursachen.

bb) Bei **Nr. 2** ist die Waffe ein spezieller Fall des gefährlichen Werkzeugs. Eine **Waffe** ist ein Gegenstand, der *objektiv* dazu *bestimmt* ist, als Angriffs- oder Verteidigungsmittel Verletzungen beizubringen, also Schuss-, Gas-, Hieb-, Stich-, Stoß- und Schlagwaffen. Der Begriff ist jedoch nicht gleichbedeutend mit dem des Waffengesetzes! **Gefährliches Werkzeug** ist jeder Gegenstand, der nach seiner objektiven Beschaffenheit und nach seiner *konkreten Art der Verwendung* geeignet ist, *erhebliche* Verletzungen herbeizuführen.

Es muss sich dabei um einen *körperfremden* Gegenstand handeln, sodass Verletzungen durch unbewehrte Körperteile (Handkantenschläge, Faustschläge) nicht genügen. Beim Tritt mit einem festen Schuh oder beim Schlag mit einer Hand, an deren Ringfinger ein schwerer Siegelring steckt, können allerdings diese Gegenstände gefährliche Werkzeuge sein.

Bei dem oft zitierten „beschuhten Fuß" ist deshalb in Wahrheit auf den Schuh am Fuß und die jeweilige Anwendungsweise und seine Beschaffenheit abzustellen!

Erfasst werden nach h.M. *nur bewegliche* Gegenstände, mit denen von außen auf den Körper des Opfers eingewirkt und die Körperverletzung verursacht wird. Geht die Gefahr von einem unbeweglichen Gegenstand, etwa einer Mauer aus, gegen die das Opfer gestoßen wird, ist an die Prüfung von Nr. 5 zu denken.

Dadurch unterscheidet sich Nr. 2 vom „Beibringen" gesundheitsschädlicher Stoffe.

Beispiel: Steuert der Fahrer eines Kfz dieses mit hoher Geschwindigkeit gegen einen Straßenbaum, um den Beifahrer zu verletzen, so ist § 224 Abs. 1 Nr. 2 nicht erfüllt, da der Baum kein beweglicher Gegenstand ist und das Kfz nicht gegen den Körper des Opfers bewegt wird.

Ärztliche Instrumente, die im Rahmen einer Heilbehandlung durch einen Arzt Verwendung finden, stellen, soweit die Behandlung den Tatbestand einer Körperverletzung erfüllt, nach Rspr. und h.M. keine gefährlichen Werkzeuge dar.

cc) Die Begehung mittels eines hinterlistigen Überfalls gemäß **Nr. 3** erfasst nicht jeden Überraschungsangriff und ist nicht mit Heimtücke i.S.v. § 211 zu verwechseln!

Heimtücke ist nicht dasselbe wie Hinterlist!

Überfall ist jeder plötzliche, unerwartete Angriff auf einen Ahnungslosen. **Hinterlistig** ist der Überfall, wenn der Täter planmäßig in einer auf Verdeckung seiner wahren Absicht berechnenden Weise vorgeht, um dadurch dem Gegner die Abwehr des Überfalls zu erschweren.

Beispiel: Das heimliche Verabreichen von KO-Tropfen, um dem Opfer die in der Verabreichung liegende Gefahr für seine Gesundheit zu verschleiern. Auch genügt es, wenn der Täter dem Opfer aus einem Hinterhalt auflauert.

Gemeinschaftliche Begehung setzt bei § 224 keine Mittäterschaft voraus.

dd) Die gemäß **Nr. 4** mit einem anderen Beteiligten gemeinschaftlich begangene Körperverletzung erfasst das gefahrerhöhende Zusammenwirken von mindestens zwei Personen am Tatort. **Beteiligte** sind gemäß § 28 Abs. 2 neben Mittätern auch Anstifter und Gehilfen. Die **gemeinschaftliche Begehung** setzt deshalb nach h.M. keine Mittäterschaft voraus, sondern erfasst auch das bewusste Zusammenwirken von Tätern und Gehilfen, wenn hierdurch dem Opfer die Verteidigung oder die Flucht erschwert wird. Dafür genügt eine bloße Anstiftung des Täters nicht. Jedoch reicht die Unterstützung durch einen Gehilfen aus, der – ohne selbst mitzuschlagen oder auch nur vom Opfer wahrgenommen zu werden – die Gefährlichkeit der Tat erhöht. Durch die Unterstützung des Täters wird die Tat zur gefährlichen Körperverletzung, aber der Gehilfe noch nicht ohne Weiteres zum Mittäter!

Beispiele sind das Zureichen von Werkzeugen, das Verstellen des Fluchtweges oder die Einschüchterung des Opfers durch Mittäter oder Gehilfen.

§ 224 Abs. 1 Nr. 5 ist kein konkretes Gefährdungsdelikt.

ee) Für eine **das Leben gefährdende Behandlung** gemäß **Nr. 5** ist – wie der Unterschied zum Wortlaut des § 221 zeigt – der Eintritt einer konkreten Lebensgefahr nicht erforderlich. Es reicht aus, dass das Vorgehen des Täters unter Berücksichtigung der konkreten Umstände des einzelnen Falles *generell* geeignet ist, das Leben des Opfers in Gefahr zu bringen.

Beispiele sind der heftige Kopfstoß in die Stirn- oder Schläfengegend, durch den Gehirnblutungen entstehen können oder Tritte in den Unterleib mit der Gefahr innerer Blutungen.

2. Der **Vorsatz** muss sich auf die vorgenannten Umstände, bei Nr. 5 auf die von der jeweiligen Begehungsweise ausgehende Gefahr beziehen. Jedoch braucht der Täter sein Handeln nicht selbst als gefährlich zu bewerten.

II. Für **Rechtswidrigkeit** und

III. Schuld gelten die Ausführungen zur Körperverletzung.

C. Schwere Körperverletzung gemäß § 226

Der Tatbestand der schweren Körperverletzung stellt eine Erfolgsqualifikation zu den §§ 223 und 224 und gemäß § 12 ein Verbrechen dar. Gemäß § 18 genügt daher hinsichtlich der schweren Folgen ein wenigstens fahrlässiges Handeln. Durch das Wort „wenigstens" ist klargestellt, dass auch die bedingt vorsätzliche Verursachung schwerer Folgen erfasst wird. Die wissentliche oder absichtliche Verursachung ist in Abs. 2 besonders geregelt.

Gemäß § 11 Abs. 2 gilt § 226 auch bei fahrlässiger Verursachung schwerer Folgen als Vorsatztat. Daher sind auch in diesem Falle Anstiftung und Beihilfe gemäß §§ 26, 27 möglich. Dabei genügt es gemäß § 18, wenn der Teilnehmer selbst hinsichtlich der schweren Folgen fahrlässig gehandelt hat.

Vorsatz/Fahrlässigkeitskombinationen gelten gemäß § 11 Abs. 2 als Vorsatzdelikte!

Außerdem ist auch der Versuch denkbar, wenn keine Vollendungsstrafbarkeit vorliegt. Man unterscheidet dann zwischen dem erfolgsqualifizierten Versuch, wenn durch den Versuch einer Körperverletzung wenigstens fahrlässig schwere Folgen verursacht wurden, und dem Versuch der Erfolgsqualifikation, wenn die schwere Folge zwar nicht eingetreten ist, aber der Tatentschluss auf ihre Verursachung gerichtet war.

!

Der Prüfungsaufbau des Tatbestandes richtet sich danach, ob man eine fahrlässige oder vorsätzliche Tatbestandserfüllung prüft: Das nachfolgende Schema gilt für die Vorsatz/Fahrlässigkeitskombination des Abs. 1.

Zieht man eine bedingt vorsätzliche Begehung gemäß Abs. 1 oder eine wissentliche oder absichtliche gemäß Abs. 2 in Betracht, so baut man die Prüfung wie im Fall des § 224 auf!

Aufbauschema: Schwere Körperverletzung

I. Tatbestand

1. Grundtatbestand gemäß §§ 223 Abs. 1 oder 224 Abs. 1

2. Erfolgsqualifikation

a) Verursachung einer schweren Folge durch das Grunddelikt

aa) Nr. 1: Verlust des Sehvermögens auf einem oder beiden Augen/des Gehörs/des Sprechvermögens/der Fortpflanzungsfähigkeit

bb) Nr. 2: Verlust oder Gebrauchsunfähigkeit eines wichtigen Körpergliedes

cc) Nr. 3: Dauernde erhebliche Entstellung/Verfallen in Siechtum/Lähmung/geistige Krankheit/Behinderung

b) Wenigstens fahrlässig, § 18

c) Objektive Zurechnung, insbesondere gefahrspezifischer Zusammenhang von Grunddelikt und schwerer Folge

II. Rechtswidrigkeit

III. Schuld, insbesondere **Fahrlässigkeitsschuld hinsichtlich der schweren Folge**

I. Im Tatbestand der Vorsatz/Fahrlässigkeitskombination des Abs. 1 ist zunächst

1. das Vorliegen des **Grundtatbestandes** gemäß §§ 223, 224 festzustellen, den man vorher geprüft hat.

2. Die Prüfung der **Erfolgsqualifikation** folgt dann den Aufbauregeln des fahrlässigen Erfolgsdelikts.

a) Zunächst muss eine der genannten **schweren Folgen durch das Grunddelikt verursacht** worden sein. Manche verlangen dafür, dass die schwere Folge durch den vorsätzlich verursachten **Erfolg** des Grunddelikts verursacht worden sein muss. Nach h.M. ist der Tatbestand auch dann erfüllt, wenn die schwere Folge sich aus der **Verletzungshandlung** ergeben hat.

Beispiel: Dachdecker D versetzt seinem Kollegen K einen Faustschlag mit der unvorhergesehenen Folge, dass dieser vom Dach fällt. Dabei verletzt sich K so schwer, dass er gelähmt bleibt. – Verlangt man, dass die Lähmung Folge des Grundtatbestandserfolges sein muss, so ist der Tatbestand nicht erfüllt, da die

Lähmung nicht Folge der vorsätzlich verursachten Misshandlung ist. Nach h.M. ist der Tatbestand erfüllt, da die Lähmung durch die Tathandlung fahrlässig verursacht wurde und sich in der schweren Folge das spezifische Risiko der Körperverletzungshandlung realisiert hat.

aa) Nr. 1 erfasst mit dem Verlust des Sehvermögens auf einem oder beiden Augen, des Gehörs, des Sprechvermögens oder der Fortpflanzungsfähigkeit abschließend die Aufhebung besonders wichtiger Sinnes- und Körperfunktionen.

Ein **Verlust** ist nicht erst dann anzunehmen, wenn diese Funktionen völlig aufgehoben sind. Auch wenn eine Restfunktion praktisch wertlos ist, ist der Tatbestand erfüllt. Dies muss für jede Funktion gesondert entschieden werden. Für das **Sehvermögen** gilt beispielsweise, dass eine Herabsetzung der Restsehfähigkeit auf unter 10% einem Verlust gleichsteht. Dabei kommt es nicht darauf an, ob das Sehvermögen durch das Tragen einer Sehhilfe (z.B. Kontaktlinsen) wieder hergestellt werden kann.

Zumutbare Korrekturmöglichkeiten sind nur für Nr. 2 und 3 von Bedeutung.

Die **Fortpflanzungsfähigkeit** braucht nicht vor der Tat bereits gegeben gewesen zu sein. Daher kann ihr Verlust auch Kinder treffen.

bb) Nr. 2 erfasst den Verlust oder die dauernde Gebrauchsunfähigkeit eines wichtigen Körpergliedes.

Körperglieder sind nach h.M. Extremitäten, die mit dem Rumpf oder einem anderen Körperteil durch Gelenke verbunden sind, also Arme, Beine und Finger. Innere Organe, mögen sie auch für den Organismus noch so bedeutend sein, werden nach dem Gesetzeswortlaut nicht erfasst.

Für die **Wichtigkeit** wurde in der früheren Rspr. auf die Bedeutung des Gliedes für den Gesamtorganismus *eines jeden Menschen* abgestellt. Heute berücksichtigen Rspr. und h.Lit. für die Wichtigkeit auch *individuelle* Eigenschaften und Vorschädigungen des jeweiligen Opfers, sodass etwa die Zehen für einen Menschen ohne Hände als Greif- oder Schreibersatz wichtige Glieder sein können. Das Körperglied muss für das Funktionieren des Gesamtorganismus wichtig sein. Ihre Bedeutung unter sozialen Gesichtspunkten, z.B. für die Arbeitsfähigkeit und Berufsausübung ist nicht maßgebend.

Unter **Verlust** ist die dauerhafte Abtrennung vom Körper zu verstehen. Die **Gebrauchsunfähigkeit** erfasst nicht jede Beeinträchtigung des Gebrauchs, sondern nur eine solche, die dem Verlust vergleichbar ist. Erforderlich ist daher der Ausfall so vieler Funktionen, dass das Glied faktisch unbrauchbar geworden ist. Die Gebrauchsunfähigkeit ist **dauernd**, wenn sie nicht ihrer Art nach nur vorübergehend, ihr Ende also im Voraus nicht zu bestimmen ist, und die Gebrauchsfähigkeit auch nicht mit zumutbaren medizinischen Maßnahmen wiederherzustellen ist.

Beispiel: Die chronische Versteifung eines Zeigefingers, der zwar noch in seiner Zeigefunktion verwendet werden kann, aber nicht mehr zum Greifen.

cc) Nr. 3 erfasst die erhebliche dauernde Entstellung und das Verfallen in Siechtum, Lähmung oder geistige Krankheit oder Behinderung.

Zumutbare Korrekturen schließen also die Dauerhaftigkeit der Entstellung aus.

Eine **Entstellung** ist die Verunstaltung der äußeren Gesamterscheinung. **Erheblich** ist die Entstellung, wenn sie in ihren Auswirkungen für den Betroffenen mit den übrigen gesetzlich erfassten Folgen objektiv vergleichbar ist. **Dauernd** ist die Entstellung unter den bei Nr. 2 genannten Voraussetzungen.

Beispiel: Durch Verbrennungen verursachte Narben im Gesicht. Der Verlust von Vorderzähnen ist nicht dauerhaft, weil sich das nachteilige Erscheinungsbild auf zumutbare Weise durch Zahnersatz beseitigen lässt.

Siechtum ist ein chronischer Krankheitszustand, der den Gesamtorganismus des Verletzten ergreift und ein Schwinden der Körper- oder Geisteskräfte und Hinfälligkeit zur Folge hat. **Lähmung** ist die erhebliche Beeinträchtigung der Bewegungsfähigkeit eines Körperteils, die den ganzen Körper in Mitleidenschaft zieht. **Geistige Krankheit** ist nicht auf die in § 20 genannten Fälle beschränkt. Mit **Behinderung** ist nach dem Sachzusammenhang nur die geistige gemeint. Vom **Verfallen** spricht man, wenn der Krankheitszustand chronisch ist.

b) Für den **Fahrlässigkeitsbegriff** gemäß **§ 18** gelten zwar grundsätzlich die allgemeinen Regeln. Die objektive Sorgfaltspflichtverletzung ergibt sich jedoch stets bereits aus der vorsätzlichen Erfüllung des Grundtatbestandes und bedarf keiner darüber hinausgehenden Begründung. Besonders festgestellt werden muss jedoch die objektive Vorhersehbarkeit der schweren Folgen, also die generelle Eignung der Körperverletzung zur Verursachung von Folgen der eingetretenen Art.

Jede Erfolgsqualifikation setzt einen gefahrspezifischen Zusammenhang voraus.

c) Für die Prüfung der **objektiven Zurechnung** gelten zunächst die für Fahrlässigkeitsdelikte allgemein gültigen Kriterien. Darüber hinaus muss es sich bei den eingetretenen Folgen um die Realisierung eines dem jeweiligen Grunddelikt *spezifisch anhaftenden Risikos* gehandelt haben.

II. Eine **Rechtfertigung** ist nach allgemeinen Regeln, insbesondere durch rechtfertigende oder mutmaßliche Einwilligung möglich. Ist bereits die Erfüllung des Grunddelikts durch Notwehr gemäß § 32 gerechtfertigt, so gilt dies auch für § 226. Bei der Prüfung von Notstand gemäß § 34 muss jedoch im Rahmen der erforderlichen Interessenabwägung das Risiko des Eintritts schwerer Folgen berücksichtigt werden. Dies gilt auch bei der Prüfung der Zulässigkeit einer Einwilligung unter dem Gesichtspunkt des § 228. Eine Einwilligung in eine Körperverletzung, bei der sich das Risiko schwerer Folgen aufdrängt, dürfte daher kaum in Betracht kommen.

III. Bei der Prüfung der **Schuld** ist zu beachten, dass der Täter hinsichtlich der schweren Folgen fahrlässig-schuldhaft gehandelt haben muss. Das ist nicht der Fall, wenn er persönlich nicht vorhersehen konnte, dass die Körperverletzung schwere Folgen nach sich ziehen würde.

D. Körperverletzung mit Todesfolge gemäß § 227 Abs. 1

Auch die Körperverletzung mit Todesfolge stellt eine Erfolgsqualifikation der übrigen Körperverletzungsdelikte dar und ist gemäß § 12 ein Verbrechen. Für die Voraussetzungen und den Prüfungsaufbau des Tatbestandes gelten daher die Ausführungen zu § 226.

Aufbauschema: Körperverletzung mit Todesfolge

I. Tatbestand
- **1. Grundtatbestand** gemäß **§§ 223 ff.**
- **2. Erfolgsqualifikation**
  - **a)** Verursachung des Todes des Verletzungsopfers durch das Grunddelikt
  - **b)** Wenigstens fahrlässig, § 18
  - **c)** Objektive Zurechnung, insbesondere gefahrspezifischer Zusammenhang von Grunddelikt und schwerer Folge

II. Rechtswidrigkeit

III. Schuld, insbesondere **Fahrlässigkeitsschuld hinsichtlich der schweren Folge**

! *Wie sich aus dem Wort „wenigstens" in § 18 ergibt, erfüllt auch die vorsätzliche Tötung den Tatbestand des § 227. Hat man aber das Vorliegen eines Totschlags oder Mordes bereits festgestellt, braucht auf § 227 nicht mehr eingegangen zu werden.*

Letalitätstheorie/ Kausalitätstheorie

Umstritten ist auch hier, ob die tödliche Folge für den Verletzten sich aus dem *Erfolg* des Grundtatbestandes ergeben muss, so die sogenannte Letalitätstheorie.

Nach Rspr. und h.Lit. ist der Tatbestand auch dann erfüllt, wenn der Tod des Opfers spezifische Folge der Verletzungs*handlung* war.

Beispiel: Der Neffe warf seinen Onkel von einem 3,5 m hohen Hochsitz, wobei sich der Onkel den Knöchel brach. Nach operativer Behandlung der Verletzung zog sich der Onkel eine Thrombose zu, deretwegen er wieder ins Krankenhaus musste. Dort zog er sich eine Lungenentzündung zu, an der er verstarb. – Nach der Letalitätstheorie kein Fall des § 227, weil der vorsätzlich verursachte Knöchelbruch nicht tödlich war. Anders die Rspr. zu diesem Fall, da der Sturz vom Hochsitz lebensgefährlich war.

Der für alle Erfolgsqualifikationen erforderliche spezifische Zusammenhang zwischen dem Grunddelikt und der schweren Folge wurde in der früheren Rspr. als „Unmittelbarkeitszusammenhang" bezeichnet. Dieser fehlt in der Regel, wenn die tödliche Folge sich erst aus dem Hinzutreten weiteren Handelns des Täters oder eines Dritten ergibt. Davon ist die Rspr. jedoch zumindest für die Fallgestaltung einer selbstgefährdenden Mitwirkung des Opfers abgerückt. Daher kann auch eine durch selbstschädigende Mitwirkung des Opfers verursachte Todesfolge tatbestandsmäßig sein, wenn diese bereits in dem Grunddelikt angelegt und für den Täter vorhersehbar war.

Den Begriff „Unmittelbarkeitszusammenhang" sollte man deshalb, wie auch in der neueren Rspr., nicht mehr verwenden.

Beispiel: Das Opfer der Körperverletzung flieht mit einem Sprung auf das Fensterbrett und fällt mit tödlichen Folgen aus dem zehnten Stock.

Nach der Letalitätstheorie gibt es keinen Versuch des § 227. Denn ist der Grundtatbestand nicht erfüllt, so beruht der Tod des Opfers nicht auf dessen vorsätzlich verursachtem Erfolg. War aber der Tatentschluss des Täters auf die Verursachung tödlicher Folgen gerichtet, wird § 227 durch den Versuch des Totschlags oder des Mordes verdrängt.

Nach der herrschenden Gegenauffassung ist dagegen zumindest der „erfolgsqualifizierte Versuch" des § 227 denkbar.

E. Fahrlässige Körperverletzung gemäß § 229

Aufbauschema: Fahrlässige Körperverletzung
I. Tatbestand
1. Verursachung der Körperverletzung eines anderen Menschen
2. Fahrlässigkeit
a) Verletzung der objektiv gebotenen Sorgfalt
b) Objektive Vorhersehbarkeit der Folgen
3. Objektive Zurechnung
II. Rechtswidrigkeit
III. Schuld, insbesondere Fahrlässigkeitsschuld
IV. Strafantrag oder **amtswegige Verfolgung wegen besonderen öffentlichen Interesses, § 230**

Für die fahrlässige Körperverletzung gelten die bereits zur fahrlässigen Tötung dargestellten allgemeinen Regeln des fahrlässigen Erfolgsdelikts. Obwohl § 228 vor § 229 eingeordnet ist, kann auch eine fahrlässige Körperverletzung Gegenstand rechtfertigender Einwilligung sein.

1. Welche Besonderheiten gelten für die rechtfertigende und mutmaßliche Einwilligung in eine Körperverletzung?

1. Gemäß § 228 ist die Einwilligung unwirksam, wenn die Tat trotz der Einwilligung gegen die guten Sitten, also das Anstandsgefühl aller billig und gerecht Denkenden verstößt. Bei ärztlichen Heileingriffen kommt in Fällen mangelhafter Aufklärung des Patienten eine hypothetische Einwilligung in Betracht, wenn der Patient auch bei vollständiger Aufklärung eingewilligt hätte.

2. Was ist der Unterschied von Gift und anderen gesundheitsschädlichen Stoffen in § 224 Abs. 1 Nr. 1?

2. Gifte sind Stoffe mit chemischer oder physikalischer Wirkung, andere Stoffe solche mit biologischer, mechanischer oder thermischer Wirkung. Sie müssen jedoch nach Art der Anwendung, Dosierung und Opferkonstitution geeignet sein, erhebliche Beeinträchtigungen der Gesundheit hervorzurufen.

3. Was ist der Unterschied von Waffen und anderen gefährlichen Werkzeugen gemäß § 224 Abs. 1 Nr. 2?

3. Waffen sind Gegenstände, die dazu bestimmt sind, als Angriffs- oder Verteidigungsmittel Verletzungen zu verursachen. Andere gefährliche Werkzeuge sind solche, die nach der Anwendung im Einzelfall und ihrer Beschaffenheit geeignet sind, erhebliche Verletzungen zu verursachen.

4. Was ist ein hinterlistiger Überfall gemäß § 224 Abs. 1 Nr. 3?

4. Ein Überfall ist ein plötzlicher, unvorhergesehener Angriff. Hinterlist setzt ein planmäßiges, auf Verdeckung der wahren Absichten gerichtetes Vorgehen voraus, um dem Opfer die Verteidigung zu erschweren.

5. Was bedeutet die gemeinschaftliche Begehung mit einem anderen Beteiligten gemäß § 224 Abs. 1 Nr. 4?

5. Beteiligte können Mittäter und Gehilfen sein. Die Gemeinschaftlichkeit setzt zwar keine Mittäterschaft, aber ein Zusammenwirken am Tatort in einer Weise voraus, die dem Opfer die Verteidigung oder Flucht erschwert.

6. Was ist eine das Leben gefährdende Behandlung gemäß § 224 Abs. 1 Nr. 5?

6. Die Handlung muss unter den konkreten Umständen generell geeignet sein, das Leben des Opfers zu gefährden. Einer konkreten Lebensgefahr bedarf es nicht.

7. Welche Besonderheiten gelten für die Prüfung der Erfolgsqualifikationen gemäß §§ 226, 227?

7. Gemäß § 18 genügt bei diesen Delikten die wenigstens fahrlässige Tatbestandsverwirklichung. Die objektive Sorgfaltspflichtverletzung besteht jedoch schon in der vorsätzlichen Erfüllung des Grunddelikts. Die schwere Folge muss jeweils eine Realisierung des grundtatbestandstypischen spezifischen Risikos sein.

3. Abschnitt: Nötigung, Freiheitsberaubung und Hausfriedensbruch

Von den Straftaten gegen die persönliche Freiheit des 18. Abschnitts interessieren uns nur Nötigung und Freiheitsberaubung.

Zahlreiche andere Tatbestände, namentlich Raub gemäß §§ 249 ff. und Erpressung gemäß §§ 253 ff., enthalten Nötigungselemente und kombinieren daher den Schutz anderer Rechtsgüter mit dem der persönlichen Freiheit. Für deren Auslegung ist das Verständnis des § 240 wichtig. Die §§ 232–239 b und 241, 241 a schützen – wie auch § 239 – besondere Ausprägungen der allgemeinen Handlungsfreiheit.

!

Kommen sowohl Nötigung als auch Freiheitsberaubung in Betracht, so sollte man zunächst § 239 prüfen, da die mitverwirklichte Nötigung dahinter zurücktritt. Ist jedoch die Freiheitsberaubung nur Mittel zu einer Nötigung, so wird § 239 von § 240 verdrängt, es sei denn, dass die Beeinträchtigung der Fortbewegungsfreiheit über das zur Nötigung notwendige Maß hinausgeht. Richtet sich die Tat gegen dienstliches Handeln von Amtsträgern, ist vorrangig § 113 in Betracht zu ziehen. Eine Nötigung durch dienstliches Handeln von Amtsträgern kann vorrangig unter §§ 343 ff. fallen.

Beispiel: Der eifersüchtige Gatte M sperrt seine Gattin F in die Besenkammer, um sie zur Preisgabe des Namens ihres Liebhabers zu zwingen. – Hier würde § 239 hinter § 240 zurücktreten. Lässt M die F jedoch auch nach Preisgabe des Namens weiter schmoren, wäre Tateinheit anzunehmen.

Aus dem 7. Abschnitt ist hier nur der Tatbestand des Hausfriedensbruchs von Interesse.

Dieser ist häufig im Zusammenhang mit Fällen von Einbruchsdiebstahl zu prüfen, was ggf. die umstrittene Frage nach dem Konkurrenzverhältnis aufwirft. § 124 enthält eine Qualifikation des § 123, während die übrigen Tatbestände dieses Abschnitts – mit Ausnahme des § 142 – die verschiedensten öffentlichen Interessen schützen.

A. Nötigung gemäß § 240

Der Tatbestand der Nötigung schützt die Freiheit der Willensbildung und -betätigung im Allgemeinen. Geschützt ist diese aber nur gegen Beeinträchtigungen durch Gewalt oder Drohung mit einem empfindlichen Übel und wenn dies in strafwürdiger Weise geschieht. Gemäß Abs. 2 hat die Tatbestandsmäßigkeit keine Indizwirkung für die Rechtswidrigkeit. Deren Feststellung setzt vielmehr die Verwerflichkeit der Zweck-/Mittel-Relation voraus.

Bei § 240 indiziert der Tatbestand nicht die Rechtswidrigkeit!

Andernfalls würden auch alltägliche Verhaltensweisen mit Strafe bedroht: „Wer seine Garderobe nicht abgibt, erhält keinen Zutritt zu der Veranstaltung!"

Aufbauschema: Nötigung

I. Tatbestand
- **1. Objektiv**
  - **a)** Tatmittel
    - **aa)** Gewalt
    - **bb)** Drohung mit einem empfindlichen Übel
  - **b)** Taterfolg: Handeln/Dulden/Unterlassen des Opfers
  - **c)** Zusammenhang zwischen Tathandlung und Taterfolg
- **2. Subjektiv:** Vorsatz

II. Rechtswidrigkeit gemäß § 240 Abs. 2
- **1.** Fehlen von Rechtfertigungsgründen
- **2.** Ggf. gesamttatbewertende Prüfung der Verwerflichkeit der Mittel-Zweck-Relation

III. Schuld

IV. Strafschärfende Regelbeispiele gemäß **§ 240 Abs. 4 S. 2**

I. Der **Tatbestand** setzt

1. objektiv

a) die Anwendung bestimmter **Mittel** voraus. Auch deren Einsatz gegen Dritte kann tatbestandsmäßig sein, wenn hierdurch aufgrund eines hinreichenden Näheverhältnisses Zwang auf das Opfer ausgeübt wird.

Beispiel: M zwingt die F zur Preisgabe des Namens ihres Liebhabers, indem er die Kinder verprügelt oder ihr damit droht.

Der Zweck der Widerstandsüberwindung ist eigentlich ein subjektives Merkmal, das aber meist bereits hier geprüft wird.

aa) Gewalt ist eine – nicht notwendig erhebliche – Kraftentfaltung, durch die zur Überwindung von Widerstand entweder physischer Zwang oder solcher psychischer Zwang ausgelöst wird, den das Opfer als körperlichen Zwang empfindet. Körperlich wird ein psychischer Zwang empfunden, wenn beim Opfer dadurch eine physische Reaktion ausgelöst wird. Die Ausübung nur seelischen Zwangs durch bloße körperliche Anwesenheit (z.B. bei Sitzblockaden) ist keine Gewalt.

Beispiel: Beim dichten Auffahren im Straßenverkehr wird die für den Vorausfahrenden ausgelöste Zwangslage für diesen vielfach körperlich spürbar sein.

Man unterscheidet insoweit zwei Formen der Gewalt: Von **vis absoluta** spricht man, wenn die Willensbildung oder -betätigung unmöglich gemacht wird. Von **vis compulsiva** spricht man bei willensbeugender Gewalt.

Auch Gewalt gegen Sachen setzt einen mittelbar körperlich wirkenden Zwang voraus!

bb) Eine **Drohung** ist das Inaussichtstellen von Nachteilen, auf deren Eintritt der Täter sich Einfluss zuschreibt für den Fall, dass der Bedrohte sich dem Verlangen des Täters nicht beugt. **Übel** kann jede Werteinbuße oder Nachteil sein. **Empfindlich** ist das angedrohte Übel, wenn der in Aussicht gestellte Nachteil so erheblich ist, dass seine Ankündigung geeignet erscheint, das bezweckte Verhalten zu veranlassen, es sei denn, dass erwartet werden kann, dass ein objektiver Dritter in der Lage des Bedrohten der Drohung in besonnener Selbstbehauptung standhält. Durch die Behauptung von Einfluss auf das Übel grenzt man die Drohung von einer *Warnung* ab. Da es aber nur darauf ankommt, sich den Einfluss zuzuschreiben, wird auch die *Scheindrohung* vom Tatbestand erfasst, wenn sie aus Opfersicht ernst zu nehmen ist.

Problematisch ist, ob die Drohung, etwas zu unterlassen, den Tatbestand erfüllt. Nach einer Ansicht ist das nur der Fall, wenn der Drohende rechtlich verpflichtet wäre, zu tun, was er zu unterlassen droht. Nach h.M. kommt es hierauf aber nicht an, weil auch bei der Drohung mit einem Tun nicht danach unterschieden wird, ob dieses Tun erlaubt oder verboten ist.

Beachte: Eine Drohung durch Unterlassen ist nicht das gleiche wie eine Drohung mit Unterlassen!

b) Unerheblich ist, ob das Opferverhalten in einem Tun, Dulden oder Unterlassen besteht. Es darf sich jedoch nicht in der Hinnahme der Tathandlung erschöpfen.

Eine schlichte Prügelei ist daher keine gewaltsame Nötigung.

c) Die Opferreaktion muss durch die Nötigungshandlung gegen den Willen des Opfers herbeigeführt worden sein. Damit ist nicht nur der – ohnehin erforderliche – Kausal- und Zurechnungszusammenhang gemeint. Vielmehr muss das Opfer zur Vermeidung des zugefügten oder angedrohten Übels reagiert haben und durch das jeweilige Mittel motiviert worden sein.

Wo dies nicht der Fall ist, muss ein Versuch gemäß Abs. 3 in Betracht gezogen werden.

2. Der subjektive Tatbestand setzt **Vorsatz** voraus. Darüber hinaus wird – zum Teil nur bei Gewalt gegen Sachen – auch in der Rspr. zunehmend verlangt, dass der Täter hinsichtlich des abgenötigten Opferverhaltens absichtlich gehandelt hat. Diese von der

BGH-Rspr. abweichende Ansicht hat sich allerdings noch nicht allgemein durchgesetzt.

II. Im Rahmen der **Rechtswidrigkeit gemäß Abs. 2** sollte man eine abgestufte Prüfungsreihenfolge einhalten.

1. Greift ein anerkannter Rechtfertigungsgrund (z.B. Notstand gemäß § 34) ein, scheidet die Rechtswidrigkeit der Nötigung von vornherein aus. Auf die Prüfung der Verwerflichkeit kommt es folglich nicht an.

2. In allen übrigen Fällen ist die Rechtswidrigkeit positiv mithilfe der sogenannten Verwerflichkeitsklausel in § 240 Abs. 2 festzustellen. Bei der hierfür anzustellenden Gesamtabwägung kommt es auf die Rechte, Güter und Interessen nach ihrem Gewicht in der konkreten Situation an.

Beispiel: Ob dichtes Auffahren im Straßenverkehr verwerflich ist, hängt von der Geschwindigkeit, den Straßenverhältnissen, der Dauer und den eingesetzten Mitteln (Hupen etc.) ab.

Die Verwerflichkeit des Verhältnisses von Mittel und Zweck kann sich schon daraus ergeben, dass das Mittel oder der Zweck für sich gesehen sozial inadäquat ist. Hat der Täter körperliche Gewalt angewandt, so spricht dies wegen Verstoßes gegen das staatliche Gewaltmonopol für die Verwerflichkeit. Verwerflich kann aber auch der Einsatz eines an sich legitimen Mittels zu einem für sich gesehen erlaubten Zweck werden, wenn Mittel und Zweck in keinem inneren Zusammenhang stehen (Inkonnexität) oder wenn sich der Täter völlig inadäquater Mittel bedient (Missverhältnis).

Beispiel: Jemandem mit der Anzeige des von ihm begangenen Ladendiebstahls zu drohen, um ihn zur Begleichung einer Forderung zu zwingen, ist verwerflich, obwohl beides für sich nicht zu missbilligen wäre.

Die Drohung mit Unterlassen ist verwerflich, wenn das Opfer eine Einbuße erleiden würde, nicht aber, wenn ihm etwas entgeht, worauf es keinen Anspruch hat (sogenannte Status-quo-Formel).

III. Für die Prüfung der **Schuld** gelten keine Besonderheiten.

IV. Strafschärfungsgründe in Form der Regelbeispiele gemäß Abs. 4 S. 2 werden selten in Betracht kommen. Für die **sexuelle Handlung** gemäß **Nr. 1** ist § 184 h Nr. 1 zu beachten. Die Nötigung zum **Schwangerschaftsabbruch** gemäß **Nr. 2** wird regelmäßig mit einer Strafbarkeit gemäß § 218 zusammentreffen. Für den **Amtsträger**begriff in **Nr. 3** ist § 11 Abs. 1 Nr. 2 zu beachten.

B. Freiheitsberaubung gemäß § 239

Der Grundtatbestand der Freiheitsberaubung gemäß § 239 Abs. 1 schützt ausschließlich die Fortbewegungsfreiheit, also die Freiheit, seinen Aufenthaltsort zu verlassen. Nach h.M. ist damit die potentielle Fortbewegungsfreiheit gemeint. Daher kommt es nicht darauf an, ob das Opfer bei der Tat einen aktuellen Fortbewegungswillen hatte. Die Zustimmung des Opfers stellt jedoch ein tatbestandsausschließendes Einverständnis dar.

Aufbauschema: Freiheitsberaubung gemäß § 239 Abs. 1

I. Tatbestand

1. Objektiv

a) Tatopfer: anderer Mensch

b) Tathandlung

aa) Einsperren

bb) Auf andere Weise der Freiheit berauben

2. Subjektiv: Vorsatz

II. Rechtswidrigkeit

III. Schuld

I. Der **Tatbestand** setzt

1. objektiv als Tatopfer einen **anderen Menschen** voraus. Wer jedoch nicht in der Lage ist, sich aus eigener Kraft fortzubewegen (z.B. Kleinstkinder oder Schwerstkranke/-behinderte), ist auch nicht taugliches Opfer.

Geflügeltes Wort: Die Dauer eines Vaterunser genügt.

Zur Vollendung genügt nicht jeder nur ganz vorübergehende Ausschluss der Fortbewegung, wie er z.B. mit Prügeleien einhergeht. Die Tathandlung des **Einsperrens** setzt voraus, dem Opfer das Verlassen eines umschlossenen Raums durch äußere Vorkehrungen unmöglich zu machen. Jemanden **auf andere Weise der Freiheit zu berauben** setzt voraus, durch andere Zwangsmittel die Fortbewegung unmöglich zu machen. Die bloße Erschwerung der Fortbewegung genügt nicht. Auch genügt nicht jede Art von Zwang, sondern nur ein solcher, über den sich das Opfer nur unter Inkaufnahme einer Gefahr für Leib oder Leben hinwegsetzen könnte. Auch die Anwendung einer List durch das Vortäuschen einer Zwangslage genügt nach h.M., da dies in § 234 als Tatmittel ausdrücklich erwähnt ist.

2. Für den subjektiven Tatbestand genügt jede Form von **Vorsatz**.

II. Als **Rechtfertigungsgrund** kommt vor allem das Festnahmerecht gemäß § 127 StPO in Betracht.

III. Für die **Schuld** gelten die allgemeinen Regeln.

C. Schwere Freiheitsberaubung und Freiheitsberaubung mit Todesfolge

§ 239 Abs. 3 und 4 enthalten Erfolgsqualifikationen des Abs. 1, was allerdings für Abs. 3 Nr. 1 umstritten ist. Daher genügt gemäß § 18 die fahrlässige Verwirklichung der qualifizierenden Umstände. Ferner muss sich in der schweren Folge gerade das der Freiheitsberaubung spezifisch anhaftende Risiko verwirklicht haben. Das gilt auch für Abs. 4, soweit dort eine während der Tat begangene Handlung zum Tod des Opfers geführt haben kann.

Für den Aufbau gelten die Erläuterungen zu §§ 226, 227 entsprechend.

D. Hausfriedensbruch gemäß § 123

Der Tatbestand des Hausfriedensbruchs schützt entgegen seiner systematischen Einordnung kein öffentliches Interesse, sondern das Hausrecht gemäß Art. 13 GG. Der Versuch ist nicht mit Strafe bedroht!

Aufbauschema: Hausfriedensbruch gemäß § 123 Abs. 1

I. Tatbestand

- **1. Objektiv**
  - **a)** Tatobjekt: Wohnung, Geschäftsräume, befriedetes Besitztum eines anderen
  - **b)** Tathandlung
    - **aa)** Eindringen
    - **bb)** Sich nicht entfernen trotz unbefugten Verweilens und Aufforderung des Berechtigten
- **2. Subjektiv:** Vorsatz

II. Rechtswidrigkeit

III. Schuld

IV. Strafantrag gemäß Abs. 2

I. Der **Tatbestand** setzt

1. objektiv

a) das Vorliegen eines **tauglichen Objekts** voraus.

aa) Unter einer **Wohnung** versteht man den „Inbegriff" von Räumlichkeiten, die Menschen zur Unterkunft dienen. Erfasst sind damit auch Nebenräume und bewegliche Sachen.

Dieser Wohnungsbegriff ist nicht identisch mit dem des § 244 Abs. 1 Nr. 3!

Beispiele: Treppen, Flure, Keller, Wohnmobil, Hausboot, Zelt, nicht aber ein gewöhnlicher Pkw.

bb) Geschäftsräume sind Räumlichkeiten, die zeitweise oder dauernd gewerblichen, wissenschaftlichen, künstlerischen oder ähnlichen Zwecken dienen, wie Ladenlokale, Büroräume oder Ateliers.

cc) Befriedetes Besitztum ist ein Grundstück oder Grundstücksteil, der durch zusammenhängende Schutzwehren gegen willkürliches Betreten besonders gesichert ist. Für die Einfriedung genügt es, wenn der Zugang – nicht notwendig lückenlos – zumindest physisch erschwert wird. Passagen, die dem Zugang zu Bahnen oder Läden dienen, sind nicht befriedet.

Eine Kennzeichnung, wonach das Betreten verboten ist, genügt nicht.

dd) Abgeschlossene Räume, die zum öffentlichen Dienst oder Verkehr bestimmt sind, sind Schul- und Verwaltungsgebäude, soweit sie räumlich abgeschlossen sind, Kirchen, Bahnhofsgebäude, Bahnen und Busse.

b) Als **Tathandlung** ist zunächst

Das Wort „widerrechtlich" hat für den Tatbestand keine eigenständige Bedeutung.

aa) das **Eindringen** erfasst. Dies setzt das Betreten gegen den Willen des Hausrechtsinhabers voraus. Vollendet ist die Tat nur, wenn der Täter mit einem wesentlichen Teil des Körpers hineingelangt ist. Das bloße Hineingreifen in die geschützten Räumlichkeiten und andere Störungen der Privatsphäre genügen nicht.

Das Einbrechen muss also nicht mit einem Eindringen verbunden sein.

Danach schließt das **Einverständnis** des Hausrechtsinhabers den Tatbestand aus. Die tatsächliche innere Zustimmung genügt. Umstritten sind die Fälle eines durch Täuschung erschlichenen Einverständnisses. Manche stellen hier auf den mutmaßlich entgegenstehenden Willen des Berechtigten ab, sodass das Einverständnis unwirksam ist. Nach h.A. handelt es sich um eine faktische Zutrittsgestattung, für deren Wirksamkeit Willensmängel ohne Bedeutung sind. Die natürliche Einsichtsfähigkeit genügt.

Die gleiche Frage stellt sich für die **generelle Zutrittserlaubnis** bei für den Publikumsverkehr geöffneten Räumen, wenn der Täter widerrechtliche Zwecke verfolgt. Die herrschende Ansicht stellt dies der individuellen Zutrittsgestattung gleich. Danach handelt es sich um eine erschlichene, aber gleichwohl wirksame Zutrittsgestattung. Gehört der Täter aber schon nach dem äußeren Erscheinungsbild nicht zum Adressatenkreis der Zutrittsgestattung, wie der maskierte Bankräuber, liegt kein Einverständnis vor.

Das individuelle Hausverbot geht der öffentlichen Zutrittsgestattung immer vor.

Steht das Hausrecht **mehreren Berechtigten** gemeinschaftlich zu, kann auch nur einer von ihnen im Rahmen des für den anderen Zumutbaren wirksam ein Einverständnis erteilen.

bb) Sich nicht zu entfernen trotz Aufforderung des Berechtigten stellt im Fall des unbefugten Verweilens ein echtes Unterlassungsdelikt dar.

cc) Umstritten ist, ob das **Eindringen als unechtes Unterlassungsdelikt** gemäß § 13 zu verwirklichen ist. Nach verbreiteter Ansicht ergibt sich nach Wegfall eines Rechtfertigungs- oder Schuldausschließungsgrundes für das Eindringen oder Verweilen oder bei Ablauf eines befristeten Einverständnisses bereits aus dem Dauerdeliktscharakter des Hausfriedensbruchs die rechtliche Verpflichtung gemäß § 13, die geschützten Räumlichkeiten zu verlassen. Andere halten dies für eine Umgehung der gesetzlich geregelten Voraussetzungen der 2. Alt. des Tatbestandes.

Denkbar ist darüber hinaus das pflichtwidrige Unterlassen, einen Dritten am Eindringen zu hindern.

Also kein Erlaubnistatbestandsirrtum!

2. Der subjektive Tatbestand setzt **Vorsatz** voraus. Die irrige Annahme eines Einverständnisses ist ein den Vorsatz ausschließender Tatbestandsirrtum gemäß § 16 Abs. 1 S. 1.

II. Für die Prüfung von **Rechtswidrigkeit** und

III. Schuld gelten keine Besonderheiten.

IV. Gemäß Abs. 2 bedarf die Verfolgung eines **Strafantrags** des Verletzten (§ 77), also des Hausrechtsinhabers.

1. Was ist Gewalt gemäß § 240?	**1.** Gewalt ist die Entfaltung nicht notwendig erheblicher Kraft, durch die zur Überwindung von Widerstand entweder physischer Zwang oder solcher psychischer Zwang ausgelöst wird, den das Opfer als körperlichen Zwang empfindet.
2. Was ist eine Drohung gemäß § 240?	**2.** Eine Drohung ist das Inaussichtstellen von Nachteilen, auf deren Eintritt der Täter sich Einfluss zuschreibt für den Fall, dass der Bedrohte sich dem Verlangen des Täters nicht beugt.
3. Wie prüft man die Verwerflichkeit gemäß § 240 Abs. 2?	**3.** Zunächst ist das Fehlen von Rechtfertigungsgründen zu prüfen. Ist die Tat nicht gerechtfertigt, ist die Verwerflichkeit der Zweck-/Mittel-Relation zu prüfen.
4. Was bedeutet „Einsperren" gemäß § 239 Abs. 1?	**4.** Einsperren bedeutet, dem Opfer das Verlassen eines umschlossenen Raums durch äußere Vorkehrungen unmöglich zu machen.
5. Was bedeutet „auf andere Weise" in § 239 Abs. 1?	**5.** „Auf andere Weise" erfasst nach h.M. die List und die Anwendung solchen Zwangs, über den sich das Opfer nicht oder nur unter Inkaufnahme einer Gefahr für Leib oder Leben hinwegsetzen könnte.
6. Was ist eine Wohnung i.S.d. § 123 Abs. 1?	**6.** Das ist der „Inbegriff" von Räumlichkeiten, die Menschen zur Unterkunft dienen, also auch Nebenräume, auf die sich das Hausrecht erstreckt, sowie bewegliche Räume, die als Wohnung genutzt werden.
7. Was bedeutet „Eindringen" in § 123 Abs. 1?	**7.** Das ist das Betreten ohne den Willen des Hausrechtsinhabers.
8. Was ist befriedetes Besitztum in § 123 Abs. 1?	**8.** Das ist ein Grundstück oder Grundstücksteil, der durch zusammenhängende Schutzwehren nicht notwendig lückenlos gegen willkürliches Betreten besonders gesichert ist.
9. Kann man gemäß § 123 Abs. 1 durch Unterlassen eindringen?	**9.** Nach h.A. soll das garantenpflichtwidrige Unterlassen, sich zu entfernen, gemäß § 123 Abs. 1 Alt. 1 i.V.m. § 13 strafbar sein, ferner das Unterlassen des Einschreitens gegen das Eindringen durch Dritte.

3. Teil: Straftaten gegen das Vermögen

Bei den Vermögensdelikten ist danach zu unterscheiden, ob sie spezielle Vermögenswerte wie das Eigentum, das Jagdrecht (§ 292), das Pfandrecht (§ 289) oder das Vermögen als Ganzes (§§ 253 ff., 263 ff., 259) schützen. Unter den Eigentumsdelikten sind wiederum die Zueignungsdelikte (§§ 242, 246, 249) von den reinen Sachbeschädigungsdelikten (§§ 303, 306) zu unterscheiden.

1. Abschnitt: Sachbeschädigung

Von den Delikten des 27. Abschnitts ist hier nur die Sachbeschädigung gemäß § 303 von Interesse.

§ 303 a schützt die Verfügungsbefugnis über Daten, weil diese keine Sachen gemäß § 303 sind. § 303 b schützt als Qualifikation der §§ 303 und 303 a das Interesse am Funktionieren der Datenverarbeitung. § 304 schützt das öffentliche Interesse an dem Nutzen bestimmter Sachen, § 305 stellt eine Qualifikation zu § 303 dar. § 305 a schützt wiederum das öffentliche Interesse am Funktionieren der genannten Einrichtungen.

§ 303 enthält in Abs. 1 und 2 zwei verschiedene Tatbestände, da nach Ansicht des BGH die Veränderung des äußeren Erscheinungsbildes kein Fall des Beschädigens oder Zerstörens sein sollte. § 303 Abs. 2 ist daher ein subsidiärer Auffangtatbestand.

Aufbauschema: Sachbeschädigung gemäß § 303

I. Tatbestand

1. Objektiv

a) Tatobjekt: Fremde Sache

b) Tathandlung:

aa) Abs. 1: Beschädigen oder Zerstören

bb) Abs. 2: Unbefugte nicht nur unerhebliche und nicht nur vorübergehende Veränderung des äußeren Erscheinungsbildes

2. Subjektiv: Vorsatz

II. Rechtswidrigkeit

III. Schuld

IV. Strafantrag gemäß **§ 303 c**

I. Der **Tatbestand** setzt

1. objektiv

a) als **Tatobjekt** eine fremde Sache voraus. **Sachen** sind nur körperliche Gegenstände, die Objekte von Rechten sein können, gleichviel ob fest, flüssig oder gasförmig.

Die Sache braucht – anders als bei § 242 – nicht beweglich zu sein!

Tiere sind nach einhelliger Ansicht im Strafrecht Sachen. Keine Sachen, sondern Rechtssubjekte sind – wegen der Unantastbarkeit der Menschenwürde – lebende Menschen und lebende Embryonen. Energien sowie Forderungen und andere Rechte sind mangels Körperlichkeit keine Sachen.

Vgl. § 324 a: ...Tiere, Pflanzen oder andere Sachen. ...

b) Tathandlung ist bei **Abs. 1** das Beschädigen oder Zerstören der Sache. Eine **Beschädigung** setzt eine Einwirkung auf die Sache mit der Folge einer nicht nur unerheblichen Beeinträchtigung ihrer Substanz oder ihrer bestimmungsgemäßen Brauchbarkeit voraus. Eine **Zerstörung** setzt die völlige Unbrauchbarkeit der Sache voraus. Nicht tatbestandsmäßig sind daher die Gebrauchsvereitelung ohne Substanzeinwirkung, die bloße Sachentziehung und der bestimmungsgemäße Verbrauch. Die Veränderung des äußeren Erscheinungsbildes ist dann tatbestandsmäßig, wenn das ästhetische Erscheinungsbild gerade die Funktion der Sache ausmacht oder die Wiederherstellung des ursprünglichen Zustandes nur unter Eingriff in die Sachsubstanz möglich ist. Andernfalls verbleibt der Rückgriff auf die

Das Wort „rechtswidrig" gehört hier nicht zum Tatbestand.

c) Tathandlung des **Abs. 2.** Nur vorübergehend ist die Beeinträchtigung, wenn sie binnen kurzer Frist z.B. durch Witterungseinflüsse wieder vergeht. Unerheblich ist die Beeinträchtigung, wenn sie für das Gesamterscheinungsbild unmaßgeblich ist. Das Merkmal „unbefugt" bedeutet, dass die Zustimmung des Eigentümers bereits den Tatbestand ausschließt.

Anders bei Abs. 1, wo es sich um eine rechtfertigende Einwilligung handelt.

2. Der **subjektive Tatbestand** setzt **Vorsatz** voraus. Der Irrtum über die Zustimmung des Eigentümers ist bei Abs. 1 ein Erlaubnistatbestandsirrtum, bei Abs. 2 ein den Vorsatz gemäß § 16 Abs. 1 S. 1 ausschließender Tatbestandsirrtum.

II. Für die Prüfung von **Rechtswidrigkeit** und

III. Schuld gelten die allgemeinen Regeln.

IV. Die Verfolgung setzt gemäß § 303 c einen **Strafantrag** oder die Annahme eines besonderen öffentlichen Verfolgungsinteresses durch die Verfolgungsbehörde voraus. Antragsberechtigt ist nach h.A. nicht nur der Eigentümer, sondern auch der schuldrechtlich berechtigte Besitzer, z.B. der Leasingnehmer eines Kfz.

2. Abschnitt: Diebstahl und Unterschlagung

Zueignungsdelikte des 19. Abschnitts sind der Diebstahl gemäß § 242, seine Qualifikationen gemäß §§ 244 und 244 a sowie die Unterschlagung gemäß § 246. Bei § 243 handelt es sich um eine Strafzumessungsregel für Diebstahl.

! *Es empfiehlt sich, zunächst den Grundtatbestand des § 242 und darauf aufbauend die Qualifikationen der §§ 244 und 244 a prüfen. § 243 braucht erst nach den §§ 244 und 244 a und nur dann geprüft zu werden, wenn diese nicht vorliegen. Denn § 242 tritt – auch im besonders schweren Fall gemäß § 243 – hinter § 244 und beide treten hinter § 244 a zurück. Wurde die Wegnahme durch eine Täuschung ermöglicht, so muss bei dem Tatbestandsmerkmal der Wegnahme zwischen Trickdiebstahl und Sachbetrug abgegrenzt werden. Scheidet eine Wegnahme wegen erschlichenen Einverständnisses aus, kommen Betrug und – wegen ihrer Subsidiarität nachrangig – Unterschlagung in Betracht.*

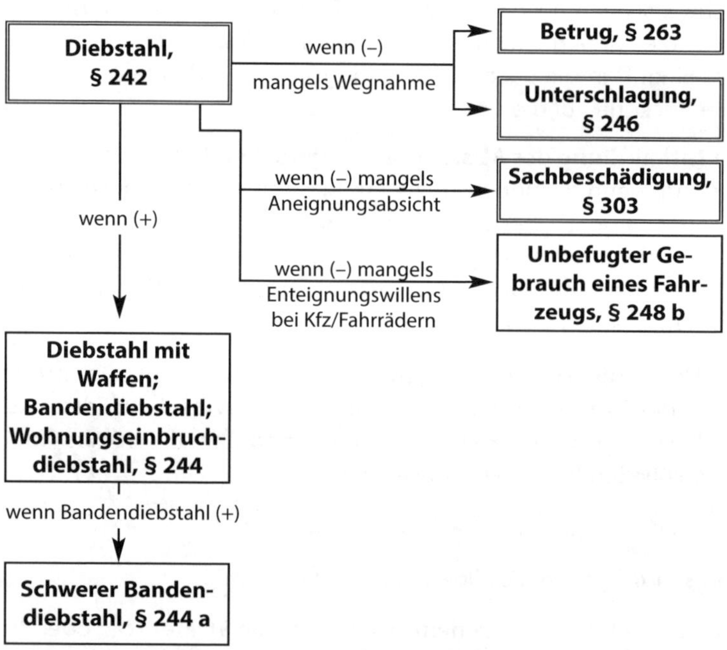

§ 248 b regelt die Strafbarkeit der (vorübergehenden) Gebrauchsanmaßung an Kraftfahrzeugen und Fahrrädern in Fällen fehlenden Vorsatzes dauernder Enteignung. Der Tatbestand der Entziehung elektrischer Energie gemäß § 248 c schützt das Recht, aus elektrischen Anlagen Energie zu beziehen, da nach Ansicht des damaligen Gesetzgebers elektrische Energie keine Sache darstellte.

A. Diebstahl gemäß § 242

Der Tatbestand des Diebstahls schützt neben dem Eigentum nach h.M. auch den Gewahrsam an einer Sache.

Dies ist für die Strafantragsberechtigung von Bedeutung.

Aufbauschema: Diebstahl
I. Tatbestand
1. Objektiv
a) Fremde bewegliche Sache
b) Wegnahme
2. Subjektiv
a) Vorsatz
b) Absicht rechtswidriger Zueignung
aa) Vorsatz dauernder Enteignung
bb) Absicht vorübergehender Aneignung
cc) Rechtswidrigkeit der Zueignung
dd) Vorsatz hins. der Rechtswidrigkeit der Zueignung
II. Rechtswidrigkeit
III. Schuld
IV. Strafschärfung gemäß § 243 Abs. 1 S. 2
V. Strafantrag gemäß §§ 247, 248 a

I. Der **Tatbestand** setzt

1. objektiv

a) als **Tatobjekt** eine fremde bewegliche Sache voraus. Der Begriff der **Sache** entspricht dem des § 303.

Beweglich ist jede Sache, die tatsächlich fortgeschafft werden kann. Es genügt, wenn sie erst durch die Tat beweglich gemacht wird (z.B. herausgerissene Pflanzen).

Fremd ist eine Sache, wenn sie im (Mit-, Gesamthands- oder Allein-)Eigentum eines Anderen steht.

Dies ist ausgeschlossen bei körperlichen Sachen, die nicht eigentumsfähig sind, wie atmosphärischer Luft, Meer und fließenden Gewässern. Auch Sachen, die herrenlos sind (z.B. nach Eigentumsaufgabe gemäß § 959 BGB, wilde Tiere gemäß § 960 BGB, Leichen und Leichenteile), sind deshalb bis zu einer etwaigen Aneignung nach dem BGB nicht fremd. Andersherum formuliert: Eine Sache ist fremd, wenn sie weder Alleineigentum des Täters noch herrenlos ist.

Die Fremdheit kann also positiv oder negativ definiert werden.

b) Wegnahme ist der Bruch fremden und die Begründung neuen, nicht notwendig tätereigenen Gewahrsams.

aa) Gewahrsam ist das von einem wenigstens generellen Herrschaftswillen getragene tatsächliche Herrschaftsverhältnis einer Person über eine Sache unter Berücksichtigung der Verkehrsanschauung. Neuer Gewahrsam ist begründet, wenn der Täter – oder mit dessen Willen ein Dritter – die Herrschaft über diese Sache derart erlangt hat, dass er sie ungehindert durch den alten Gewahrsamsinhaber ausüben und dieser seinerseits über die Sache nicht mehr verfügen kann, ohne die Verfügungsgewalt des Täters zu beseitigen. Der neue Gewahrsam muss noch nicht gesichert sein. Die Vollendung der Wegnahme hängt danach u.a. von der Größe der Beute ab.

Nach der Verkehrsauffassung sind Gewahrsamssphären und Gewahrsamsenklaven zu unterscheiden.

Beispiel: Beim Kaufhausdiebstahl liegt eine vollendete Wegnahme in der Regel bereits mit dem Einstecken der Beute vor, da das Kaufhaus zwar eine fremde Gewahrsamssphäre, die Kleidung oder mitgeführte Tasche jedoch eine „Gewahrsamsenklave" des Täters darstellt.

bb) Ein **Gewahrsams*bruch*** liegt nur dann vor, wenn der Gewahrsamswechsel ohne den Willen des Gewahrsamsinhabers oder seines Repräsentanten erfolgt ist. Die Zustimmung des Gewahrsamsinhabers stellt also ein tatbestandsausschließendes Einverständnis dar. Dafür muss sich das Opfer bewusst sein, dass es den Gewahrsam nicht nur lockert, sondern ihn völlig preisgibt. Ein Irrtum steht der Wirksamkeit des Einverständnisses nicht entgegen. Wurde das Einverständnis durch Täuschung erschlichen, kommt eine Strafbarkeit wegen Betrugs in Betracht. Sieht sich das Opfer aber infolge der Täuschung einer Zwangslage ausgesetzt, deretwegen es glaubt, keine Wahl zu haben, so ist das Einverständnis mangels Freiwilligkeit unwirksam. Dann liegt eine Wegnahme vor.

Das rein tatsächliche Einverständnis ist auch wirksam, wenn es irrtumsbedingt ist, nicht aber bei einer Zwangslage.

Beispiel sind die sogenannten Beschlagnahmefälle, in denen jemand durch Vorspiegeln hoheitlicher Befugnisse unter Androhung der Beschlagnahme die Herausgabe oder die Duldung der Mitnahme von Sachen erschleicht. Hier handelt es sich regelmäßig um Diebstahl.

2. Der **subjektive** Tatbestand setzt neben

a) dem **Vorsatz** auch

b) die **Absicht rechtswidriger Zueignung** voraus. Unter **Zueignung** ist die dauernde Enteignung und die wenigstens vorübergehende Aneignung zu verstehen.

aa) Mit der **Enteignung** ist gemeint, dem Eigentümer die Ausübung der sich aus § 903 BGB ergebenden Rechte unmöglich zu machen. Insoweit genügt jeder, auch bedingter Vorsatz. Die dauernde Enteignung grenzt die Zueignungsdelikte von der bloßen Gebrauchsanmaßung z.B. in § 248 b ab.

Früher „furtum usus" genannt, also vorübergehender Gebrauch

bb) Mit **Aneignung** ist die Anmaßung von Befugnissen gemeint, die § 903 BGB dem Eigentümer vorbehält, also vor allem mit der Sache nach Belieben zu verfahren. Insoweit ist Absicht im Sinne zielgerichteten Handelns erforderlich. Diese kann zu eigenen Gunsten oder zugunsten eines Dritten beabsichtigt sein. Die Aneignung grenzt den Zueignungsbegriff von der bloßen Sachbeschädigung gemäß § 303 und der Sachentziehung, z.B. gemäß §§ 274, 133, ab.

Unterscheide aber den bestimmungsgemäßen Verbrauch von der Sachbeschädigung!

Gegenstand der Enteignung und der Aneignung können die Sache selbst wie auch ihr wirtschaftlicher Wert und die Gebrauchsvorteile sein. Der Begriff der Aneignung muss aber von dem der Bereicherung gemäß §§ 253, 259, 263 unterschieden werden. Anders als eine Bereicherung setzt die Aneignung keinen wirtschaftlichen Vorteil voraus. Andererseits liegt nicht in jeder wirtschaftlich vorteilhaften Nutzung fremden Eigentums eine Aneignung.

Beispiel: Die Entwendung einer fremden Sache, um vom Eigentümer mit der Drohung ihrer Zerstörung ein Lösegeld zu erpressen, ist eine Vorbereitungshandlung für eine Erpressung, aber kein Diebstahl, weil in der Nutzung der Sache als Erpressungsmittel keine Anmaßung von Eigentümerbefugnissen liegt.

cc) Die erstrebte **Zueignung** ist **rechtswidrig**, wenn sie gegen die Eigentumsordnung verstößt. Das ist nicht der Fall, wenn der Täter bzw. der Dritte einen fälligen einredefreien Anspruch auf das Eigentum an der Sache hat oder der Eigentümer mit der erstrebten Zueignung einverstanden ist. In einem solchen Einverständnis liegt eine Disposition über das Eigentum. Daher ist sie – anders als das Einverständnis des Gewahrsamsinhabers mit dem Gewahrsamswechsel – nur unter den Voraussetzungen rechtfertigender Einwilligung, also bei Einwilligungsfähigkeit und mangelfreier Willensbildung, wirksam.

Auch wenn die Rechtswidrigkeit der Zueignung objektiv vorliegen muss, kann sie erst im subjektiven Tatbestand geprüft werden!

dd) Auf die Rechtswidrigkeit der Zueignung muss sich der **Vorsatz** des Täters erstrecken.

II. Für die Prüfung von **Rechtswidrigkeit** und

III. Schuld gelten die allgemeinen Regeln.

IV. Bei den **Regelbeispielen** des **§ 243** enthält das Gesetz keine Regeln zur Anwendbarkeit des Allgemeinen Strafrechts. Daraus ergeben sich einige klausurrelevante Fragen:

Unbestritten ist, dass sich der **Vorsatz** gemäß § 15 auf die Umstände beziehen muss, die die objektiven Regelbeispielsvoraussetzungen erfüllen.

Als Strafzumessungsregeln sind die Regelbeispiele für jeden Beteiligten gesondert zu prüfen.

Für die **Teilnahme** am Diebstahl gelten die Akzessorietätsregeln für die Regelbeispiele zwar nicht (wohl aber für § 242). Dennoch sind Anstifter und Gehilfen gemäß § 243 zu bestrafen, wenn sie dessen objektive Voraussetzungen zwar nicht selbst erfüllen, ihr Vorsatz sich aber auf die Erfüllung durch den Täter bezieht. Andererseits kann der Teilnehmer selbst nach § 243 bestraft werden, wenn der Täter wegen fehlenden Vorsatzes nicht gemäß § 243 strafbar ist. Eine Ausnahme gilt analog § 28 Abs. 2 für die Gewerbsmäßigkeit, die nur für den jeweiligen Beteiligten maßgebend ist.

Beispiel: Der Gehilfe weiß, dass der Täter mit einem falschen Schlüssel, den der Täter jedoch für einen echten hält, in einen Geschäftsraum eindringt. Der Täter wird gemäß § 242 bestraft, der Gehilfe gemäß §§ 242, 27, 243 Abs. 1 S. 2 Nr. 1.

Sehr klausurträchtig ist die Anwendbarkeit der **Versuchsregeln** auf die Regelbeispiele.

- Werden beim Diebstahlsversuch Regelbeispiele erfüllt, so handelt es sich nach h.M. um versuchten Diebstahl im besonders schweren Fall.
- Setzt der Täter im Falle eines vollendeten Diebstahls nach seiner Vorstellung zur Verwirklichung eines Regelbeispiels an, ohne dieses zu erfüllen, so liegt nach h.M. nur einfacher Diebstahl vor, da es einen Diebstahl im versuchten schweren Fall nicht gibt.
- Beziehen sich beim versuchten Diebstahl Tatentschluss und unmittelbares Ansetzen auch auf die Verwirklichung eines Regelbeispiels, so handelt es sich nach st.Rspr. um einen Diebstahlsversuch im besonders schweren Fall. Die h.Lit. nimmt hier nur einen einfachen Diebstahlsversuch an, da § 22 nur für die Erfüllung des Tatbestandes gilt, nicht aber auch für die Regelbeispiele als Strafzumessungsregeln.

Die übrigen Regelbeispiele des § 243 Abs. 1 S. 2 Nr. 4–7 sind nicht nur in der Praxis, sondern auch in der Klausur eher selten!

Aus dem Regelbeispielskatalog des § 243 Abs. 1 S. 2 interessieren vor allem die Nr. 1–3.

1. Beim Einbruch- und Einsteigediebstahl gemäß **Nr. 1** ist ein **umschlossener Raum** ein Raumgebilde, das – zumindest auch – zum

Betreten von Menschen bestimmt und mit mindestens teilweise künstlichen Vorrichtungen zur Abwehr des Eindringens versehen ist.

Einbruchs- oder Einsteigediebstahl

Einbrechen ist das gewaltsame Öffnen oder Erweitern des Zugangs zu einem umschlossenen Raum. Betreten muss der Täter die Räumlichkeiten hierbei nicht.

Einsteigen ist das Eindringen auf einem nicht ordnungsgemäßen Weg unter Überwindung nicht ganz unerheblicher Hindernisse oder Schwierigkeiten, die sich aus der Eigenart des Gebäudes oder der Umfriedung des umschlossenen Raums ergeben.

Wer durch ein aufgekipptes Terrassenfenster greift, um die Terrassentür von innen zu öffnen und hierdurch in die Wohnung gelangt, verwirklicht nicht § 243 Abs. 1 S. 2 Nr. 1, da er nicht durch das Fenster gelangt und die Tür nicht aufbricht.

Eindringen in den umschlossenen Raum mit einem **falschen Schlüssel** erfasst das Betreten mithilfe solcher Schlüssel, die der Berechtigte überhaupt nicht, nicht mehr oder noch nicht als Zubehör zum Schloss betrachtet, also insbesondere unbefugt nachgemachte Schlüssel, aber auch gestohlene oder abhanden gekommene Schlüssel, sofern der Berechtigte diesen die Bestimmung als ordnungsgemäßes Öffnungswerkzeug entzogen hat. Die unbefugte Nutzung des richtigen Schlüssels wird also nicht erfasst.

Andere, nicht zur ordnungsgemäßen Öffnung bestimmte Werkzeuge sind alle Hilfsmittel, die geeignet sind, den Verschlussmechanismus der geschützten Räume ohne Gewalt zu überwinden, wie z.B. Dietriche, Sperrhaken usw.

2. Nr. 2 erfasst den Diebstahl besonders gesicherter Sachen.

Behältnis ist – im Gegensatz zum „umschlossenen Raum" – ein zur Aufnahme von Sachen dienendes und sie umschließendes Raumgebilde, das nicht dazu bestimmt ist, von Menschen betreten zu werden. **Verschlossen** ist das Behältnis, wenn der Inhalt aufgrund besonderer Sicherheitsvorkehrungen nicht ohne Weiteres zugänglich ist und wenn der Verschluss gerade die Funktion hat, den Inhalt vor ordnungswidrigem Zugriff zu schützen.

Beispiel: Das Öffnen eines Tresors mit dem zu diesem Zweck entwendeten Tresorschlüssel erfüllt, obwohl es sich um den „richtigen" Schlüssel handelt, § 243 Abs. 1 S. 1 Nr. 2.

Sonstige Schutzvorrichtungen sind künstliche Einrichtungen, die ihrer Art nach geeignet und bestimmt sind, die Wegnahme einer Sache erheblich zu erschweren.

Beispiel: Fahrradschloss, Sicherungsketten an Baustellenschildern

Gegenbeispiel: Sicherungsetiketten an Kaufhausware sind nur geeignet, einen Diebstahl anzuzeigen oder seine Verfolgung zu erleichtern, aber nicht, die Wegnahme zu verhindern.

3. Gewerbsmäßigkeit gemäß **Nr. 3** liegt vor, wenn sich der Täter aus der wiederholten Begehung von Diebstählen eine Einnahmequelle von gewisser Dauer und Erheblichkeit verschaffen will. Da die hierauf gerichtete Absicht genügt, kann auch die erste Tat gewerbsmäßig begangen worden sein. Für dieses Merkmal gilt § 28 Abs. 2 analog.

Ausgeschlossen ist das Vorliegen eines besonders schweren Falles (außer bei Abs. 1 S. 2 Nr. 7) gemäß Abs. 2, wenn die Sache geringwertig ist und der Täter dies weiß. Hinsichtlich der Grenze der Geringwertigkeit gilt das Gleiche wie bei § 248 a (s. unten).

!

§ 243 Abs. 1 S. 1 braucht in Klausuren nicht geprüft zu werden.

Haus- und Familiendiebstahl, § 247

V. Das **Strafantragserfordernis** gemäß **§ 247** schützt Familien und häusliche Gemeinschaften vor Einmischung durch staatliche Behörden. Es gilt für alle Fälle des Diebstahls, also auch denen der §§ 243, 244, 244 a. Wer Angehöriger ist, ist in § 11 Abs. 1 Nr. 1 bestimmt. Maßgebend ist die Angehörigenbeziehung zur Tatzeit. Daher sind nachträgliche Änderungen der Beziehung ohne Bedeutung. Umstritten ist, ob als Verletzter nur der Eigentümer oder auch der Gewahrsamsinhaber anzusehen ist.

Diebstahl geringwertiger Sachen, § 248 a

Das **Strafantragserfordernis** gemäß **§ 248 a** bezieht sich nur auf Diebstahl gemäß § 242, also nicht die Fälle der §§ 243, 244, 244 a. Für die Geringwertigkeit ist auf den objektiven wirtschaftlichen Wert abzustellen. Die Grenze liegt nach bisheriger Rspr. bei 25 €, nach neuerer Ansicht bei 50 €. Hat die Beute keinen objektiv messbaren wirtschaftlichen Wert, so kommt es darauf an, ob sie für den Dieb einen Gebrauchswert verkörpert; ggf. ist sie nicht geringwertig.

Beispiel: Die Entwendung einer Krankenversicherungskarte, um damit eine ärztliche Behandlung zu erschleichen.

Irrtümer über prozessuale Verfolgungsvoraussetzungen sind nie von Bedeutung!

Anders als bei § 243 Abs. 2 kommt es hier nur auf die tatsächliche Geringwertigkeit an. Ohne Bedeutung ist, ob der Täter dies weiß.

B. Diebstahl mit Waffen, Bandendiebstahl und Wohnungseinbruchsdiebstahl gemäß § 244

§ 244 erfasst besonders gefährliche Arten der Ausführung des Diebstahls. Der Tatbestandsaufbau folgt anderen Qualifikationen wie z.B. § 224.

Aufbauschema: Diebstahl gemäß § 244

I. Tatbestand

1. Grundtatbestand des Diebstahls gemäß § 242

2. Qualifikation gemäß § 244

a) Objektiv

aa) Nr. 1 a): Beisichführen einer Waffe oder eines anderen gefährlichen Werkzeugs durch den Täter oder einen anderen Beteiligten

bb) Nr. 1 b): Beisichführen eines sonstigen Werkzeugs oder Mittels durch den Täter oder einen anderen Beteiligten

cc) Nr. 2: Stehlen als Mitglied einer Bande, die sich zur fortgesetzten Begehung von Raub oder Diebstahl verbunden hat, unter Mitwirkung eines anderen Bandenmitglieds

dd) Nr. 3: Einbrechen etc. in eine Wohnung zur Ausführung der Tat

b) Subjektiv: Vorsatz, bei Nr. 1 b) Handeln, um den Widerstand einer anderen Person durch Gewalt oder Drohung mit Gewalt zu verhindern oder zu überwinden

II. Rechtswidrigkeit

III. Schuld

IV. Strafantrag gemäß **§ 247**

Für die Prüfung der qualifizierenden Voraussetzungen gelten folgende Kriterien:

Nr. 1 a): Waffen sind alle Waffen im technischen Sinn. Darunter versteht man alle Gegenstände, die ihrer Konstruktion (oder ihrer Umgestaltung) nach dazu bestimmt sind, als Angriffs- oder Verteidigungsmittel erhebliche Verletzungen beizubringen. Ungeschriebenes Merkmal ist, dass die Waffe abstrakt gefährlich, also funktionstüchtig und (bei Schusswaffen) schussbereit sein muss.

Der Waffenbegriff ist also identisch mit dem bei § 224 Abs. 1 Nr. 2.

Die Gefährlichkeit eines Gegenstandes kann sich ja nicht aus dem bloßen Beisichführen ergeben.

Gefährliche Werkzeuge sind zunächst alle Gegenstände, die zumindest nach ihrer objektiven Beschaffenheit geeignet sind, erhebliche Verletzungen herbeizuführen. Der Begriff ist also nicht mit dem des § 224 Abs. 1 Nr. 2 identisch, wo es auf die konkrete Art der Anwendung ankommt!

Da jedem beliebigen Alltagsgegenstand mit etwas Phantasie bei atypischem Gebrauch ein Gefahrenpotenzial zugeschrieben werden kann, besteht nach allgemeiner Ansicht die Notwendigkeit einer Einschränkung dieses Merkmals.

Beispiele: Taschenmesser zum Stechen, Kabelstück zum Strangulieren, Bierflasche zum Schlagen

Diese Frage ist ein Standardproblem in Klausuren!

Nach welchen Gesichtspunkten diese Einschränkung vorzunehmen ist, ist sehr umstritten.

- Bei Alltags- oder Bedarfsgegenständen, die zwar theoretisch zu einem waffenähnlichen Gegenstand zweckentfremdet werden könnten, die man aber auch ohne inneren Zusammenhang zur Tat dabeihaben kann, lassen viele allein die objektive Gefährlichkeit aufgrund ihrer **Waffenersatzfunktion** ausreichen,

  Beispiel: Schweizer Taschenmesser mit 6 cm langer Klinge

- während das Schrifttum die Strafschärfung zum Teil nur bei einem **subjektiven Verwendungsvorbehalt** des Täters bejaht. Dagegen spricht jedoch, dass es hierauf nur bei Nr. 1 b) ankommt.

- Nach einem Teil der Rspr. kommt es darauf an, ob der Täter das Werkzeug in dem **Bewusstsein** bei sich führt, das Werkzeug in einer Weise einsetzen zu können, die die **Gefahr erheblicher Verletzung von Personen** begründet.

Nr. 1 b): Sonstige Werkzeuge oder Mittel sind alle Gegenstände, die objektiv ungefährlich sind, mit denen der Täter aber (im subjektiven Tatbestand zu prüfen) bei der Tat drohen will oder die er als ungefährliche Gewaltmittel zur Überwindung erwarteten Widerstandes einsetzen will.

Beispiel: Scheinwaffen, d.h. Spielzeugwaffen, Waffenattrappen oder defekte und ungeladene Schusswaffen, Handschellen, Klebeband oder harmlose Schlafmittel

Beisichführen (als Tathandlung aller drei Varianten der Nr. 1) liegt vor, wenn dem Täter der fragliche Gegenstand zwischen Versuchsbeginn und tatsächlicher Beendigung (nach a.A. Vollendung) zu irgendeinem Zeitpunkt so zur Verfügung steht, dass er sich seiner jederzeit ohne nennenswerten Zeitaufwand und ohne Schwierigkeiten bedienen kann. Auf Gebrauchswillen kommt es (außer bei Nr. 1 b)) nicht an.

Beispiel: Danach kann auch der Diebstahl von Waffen von § 244 Abs. 1 Nr. 1 a) erfasst sein.

Nr. 2: Bande ist ein Zusammenschluss von (nach h.M.) mindestens drei Personen. Die **fortgesetzte Begehung** von Raub oder Diebstahl als Bandenzweck meint eine ausdrückliche oder stillschweigende Vereinbarung der Begehung mehrerer selbstständiger, im Einzelnen noch ungewisser Taten i.S.d. §§ 242 ff., 249 ff. Eine „gemischte" Bande aus Dieben und Hehlern genügt dagegen nicht.

Täter oder Teilnehmer der Qualifikation kann gemäß § 28 Abs. 2 nur sein, wer selbst **als Mitglied der Bande** beteiligt ist. Die Mitgliedschaft in der Bande begründet jedoch als solche noch keine Beteiligung an der Tat.

Stehlen unter Mitwirkung eines anderen Bandenmitglieds setzt voraus, dass zumindest ein Bandenmitglied als Täter und ein anderes in beliebiger Rolle beteiligt ist. Mitwirkung in diesem Sinne liegt schon dann vor, wenn ein Bandenmitglied – unabhängig von seiner Anwesenheit am Tatort – mit einem anderen Bandenmitglied in irgendeiner Weise zusammenwirkt. Das andere Bandenmitglied kann auch nur Gehilfe der Tat sein. Es ist sogar ausreichend, dass die eigentliche Wegnahme von einem Nichtbandenmitglied ausgeführt wird, im Übrigen aber zwei Bandenmitglieder nach allgemeinen Grundsätzen an der Tat mitwirken und wenigstens einem von ihnen die unmittelbare Tatausführung des Nichtmitglieds als Täter zuzurechnen ist.

Nr. 3: Wohnung sind alle überdachten und abgeschlossenen Räumlichkeiten, die einer oder mehreren Personen zumindest vorübergehend als Unterkunft dienen. Dabei wird im – Unterschied zum Wohnungsbegriff des § 123 – für die Strafschärfung verlangt, dass sich das Einsteigen etc. auf den Teil der Wohnung bezieht, der als Mittelpunkt des privaten Lebens die Selbstentfaltung und vertrauliche Kommunikation gewährleistet, sodass die Tat mit einer Verletzung der Privatsphäre verbunden ist.

Die Wohnungsbegriffe in §§ 123 und 244 sind also nicht dieselben!

Ein Einbruch in Nebenräumlichkeiten wie Vorratskeller und Garagen unterfällt deshalb der Strafschärfung auch dann nicht, wenn der Täter hierdurch in die Wohnung gelangt und dort stiehlt. Andererseits genügt es, wenn zur Ausführung des Diebstahls in die Wohnung eingebrochen wird, die Wegnahme aber in anderen Räumen erfolgt, in die der Täter durch die Wohnung gelangt ist.

C. Schwerer Bandendiebstahl gemäß § 244 a

Aufbauschema: Schwerer Bandendiebstahl

I. Tatbestand

1. **Grundtatbestand des Diebstahls** gemäß **§ 242**
2. **Qualifikation** gemäß **§ 244 a**

    a) **Objektiv**

    aa) Handeln unter einer der Voraussetzungen des § 243 Abs. 1 S. 2 oder § 244 Abs. 1 Nr. 1 oder 3

    bb) Stehlen als Mitglied einer Bande, die sich zur fortgesetzten Begehung von Raub oder Diebstahl verbunden hat, unter Mitwirkung eines anderen Bandenmitglieds

    b) **Subjektiv:** Vorsatz, bei § 244 Abs. 1 Nr. 1 b) Handeln, um den Widerstand einer anderen Person durch Gewalt oder Drohung mit Gewalt zu verhindern oder zu überwinden

II. Rechtswidrigkeit

III. Schuld

IV. Strafantrag gemäß **§ 247**

Bei dem schweren Bandendiebstahl gemäß § 244 a handelt es sich um eine Kombination

- der Voraussetzungen des Grundtatbestandes gemäß § 242,
- der Regelbeispiele des § 243 Abs. 1 S. 2, die allerdings hier Tatbestandsmerkmale sind, oder
  des Diebstahls mit Waffen gemäß § 244 Abs. 1 Nr. 1 oder
  des Wohnungseinbruchsdiebstahls gemäß § 244 Abs. 1 Nr. 3 und
- der bandenmäßigen Begehung gemäß § 244 Abs. 1 Nr. 2.

Der Prüfungsaufbau entspricht dem des § 244, die Auslegung der Voraussetzungen den Erläuterungen der §§ 242, 243, 244. Da es sich gemäß § 12 Abs. 1 um ein Verbrechen handelt, sind die hierfür geltenden Besonderheiten gemäß §§ 23 Abs. 1 und 30 zu beachten. Für die Bandenmitgliedschaft und die Gewerbsmäßigkeit der Beteiligung gilt § 28 Abs. 2.

D. Unterschlagung gemäß § 246

Die Unterschlagung ist das allgemeinste Zueignungsdelikt und wirkt gegenüber dem Diebstahl und dem Raub als Auffangtatbestand. § 246 Abs. 2 enthält eine Qualifikation gegenüber Abs. 1 und kann in den Tatbestand ohne Schwierigkeiten integriert werden.

Gegenüber anderen Delikten, die durch dieselbe Handlung begangen werden, tritt Unterschlagung formell subsidiär zurück. Dabei ist umstritten, ob diese Subsidiaritätsklausel nur gegenüber anderen Vermögensdelikten gilt oder auch gegenüber solchen Tatbeständen mit anderer Schutzrichtung.

!

Daher § 246 immer als letztes prüfen.

Aufbauschema: Unterschlagung

I. Tatbestand

1. Objektiv

a) Fremde bewegliche Sache

b) Sich rechtswidrig zugeeignet: Manifestation des Willens dauernder Enteignung und vorübergehender Aneignung

c) Ggf.: Anvertrauungsverhältnis gemäß Abs. 2

2. Subjektiv: Vorsatz und Wille dauernder Enteignung und vorübergehender Aneignung

II. Rechtswidrigkeit

III. Schuld

IV. Strafantrag gemäß **§§ 247, 248 a**

I. Der **Tatbestand** setzt

1. objektiv als

a) taugliches Tatobjekt eine **fremde bewegliche Sache** voraus. Hierfür gelten dieselben Kriterien wie bei § 242.

b) Die Tathandlung, **sich oder einem Dritten** die Sache **rechtswidrig zuzueignen**, setzt nicht etwa eine tatsächliche Aneignung und Enteignung des Eigentümers voraus. Andernfalls würde sich der Anwendungsbereich des § 246 auf den Verbrauch oder die Abnutzung fremder Sachen beschränken. Nach der herrschenden Manifestationstheorie setzt § 246 vielmehr eine Handlung voraus, durch die der Täter den Willen dauernder Enteignung und den der vorübergehenden Aneignung in einer für Dritte erkennbaren Weise betätigt. Maßgeblich ist für den objektiven Tatbestand demnach zunächst, ob sich aus dem Handeln für einen objektiven Dritten der Wille dauernder Enteignung und derjenige vorübergehender Aneignung entnehmen lässt. Die bloße Äußerung, sich etwas zueignen zu wollen, genügt jedoch ohne gleichzeitige Betätigung dieses Willens noch nicht. Nach verbreiteter Ansicht in der Lit. muss sich die Zueignung allerdings auch in einer Änderung der Besitzverhältnisse niederschlagen. Unter den Voraussetzungen des § 13 kann auch das Unterlassen des Einschreitens gegen eine Eigentumsverletzung tatbestandsmäßig sein.

Beispiel: Das Unterlassen des Einschreitens gegen die Pfändung fremden Eigentums durch den Schuldner, um durch Auskehrung des Versteigerungserlöses an den Gläubiger den Eindruck zu erregen, die Forderung sei erfüllt.

Gegenbeispiel: Die pflichtwidrige Nichtrückgabe einer fremden Sache kann auch Ausdruck von Nachlässigkeit, Rechtsunkenntnis oder eines anderen Irrtums sein und stellt daher regelmäßig noch keine Manifestation eines Zueignungswillens dar.

Die Rechtswidrigkeit der Zueignung entspricht dem Tatbestandsmerkmal beim Diebstahl.

c) Anvertraut gemäß Abs. 2 ist dem Täter die Sache, wenn ihm der Gewahrsam mit der Maßgabe überlassen wurde, im Sinne des Eigentümers mit ihr zu verfahren oder sie ihm zurückzugeben. Dabei handelt es sich um ein besonderes persönliches Merkmal gemäß § 28 Abs. 2.

Beispiel: Leihe, Miete, Eigentumsvorbehalt, Sicherungseigentum

Allerdings darf das Anvertrauungsverhältnis mit einem Dritten nicht den Interessen des Eigentümers zuwiderlaufen.

2. Der subjektive Tatbestand setzt den **Vorsatz** und darüber hinaus den **Willen dauernder Enteignung** und **vorübergehender Aneignung** voraus. Unterschlagung setzt demnach keine Absicht hinsichtlich der Aneignung voraus.

II. Für die **Rechtswidrigkeit** und

III. die **Schuld** gelten allgemeine Regeln.

IV. Die Verfolgung einer Unterschlagung zum Nachteil von Angehörigen oder geringwertiger Sachen bedarf, auch im Fall des Abs. 2, eines **Strafantrags** gemäß **§§ 247, 248 a**. Berechtigt ist hierzu gemäß § 77 der Eigentümer.

1. Was ist eine fremde bewegliche Sache?	**1.** Sachen sind nur körperliche Gegenstände. Sie sind fremd, wenn sie in fremdem Eigentum stehen, d.h. weder Alleineigentum des Täters noch herrenlos sind. Beweglich ist eine Sache, die man tatsächlich fortschaffen kann.
2. Was versteht man unter Wegnahme bei § 242?	**2.** Wegnahme ist der Bruch fremden und die Begründung neuen, nicht notwendig tätereigenen Gewahrsams.
3. Was versteht man unter der Absicht rechtswidriger Zueignung?	**3.** Absicht rechtswidriger Zueignung setzt den Vorsatz dauernder Enteignung und die Absicht wenigstens vorübergehender Aneignung voraus. Die Zueignung muss im Widerspruch zur Eigentumsordnung stehen und dies muss vom Vorsatz umfasst sein.
4. Was bedeutet rechtswidrige Zueignung bei § 246?	**4.** Der Täter muss seinen Willen dauernder Enteignung und vorübergehender Aneignung durch sein Handeln erkennbar betätigen (Manifestationstheorie). Die Zueignung muss im Widerspruch zur Eigentumsordnung stehen.
5. Was ist der Unterschied von Einbrechen und Einsteigen bei § 243 Abs. 1 S. 2 Nr. 1?	**5.** Einbrechen ist das gewaltsame Öffnen oder Erweitern des Zugangs zu einem umschlossenen Raum. Einsteigen ist das Eindringen auf einem nicht ordnungsgemäßen Weg unter Überwindung nicht ganz unerheblicher Hindernisse, die sich aus der Eigenart des Gebäudes oder der Umfriedung des umschlossenen Raums ergeben.
6. Was ist ein falscher Schlüssel gemäß § 243 Abs. 1 S. 2 Nr. 1?	**6.** Ein falscher Schlüssel ist ein solcher, den der Berechtigte nicht, nicht mehr oder noch nicht als Zubehör zum Schloss betrachtet.
7. Was ist ein gefährliches Werkzeug gemäß § 244 Abs. 1 Nr. 1 a)?	**7.** Der Begriff ist nicht identisch mit dem des § 224 Abs. 1 Nr. 2. Es genügt auch nicht, dass der Gegenstand theoretisch in gefährlicher Weise einzusetzen wäre. Sehr umstritten ist aber, ob das Werkzeug objektiv eine Waffenersatzfunktion haben muss oder der Täter sich subjektiv den Einsatz vorbehalten muss.
8. Was ist eine Wohnung gemäß § 244 Abs. 1 Nr. 3?	**8.** Der Wohnungsbegriff des § 244 Abs. 1 Nr. 3 ist enger als der des § 123 und umfasst nur den Teil der Räumlichkeiten, die Menschen zur Unterkunft dienen, die auch der Entfaltung der Privatsphäre dienen.

3. Abschnitt: Betrug und Computerbetrug

Die Tatbestände des 22. Abschnitts schützen nicht einzelne Vermögensgegenstände, sondern den Wert des Vermögens als Ganzes. Dabei sind die Betrugsdelikte Vermögensverschiebungsdelikte, während die Untreuedelikte reine Schädigungsdelikte darstellen. Von Interesse sind im vorliegenden Zusammenhang nur Betrug und Computerbetrug.

Die §§ 264, 264 a und 265 a erfassen spezielle Vorbereitungshandlungen zur betrügerischen Erlangung von Subventionen, Kapitalanlagen und Krediten. § 265 erfasst zum Schutz der Sachversicherungswirtschaft Vorbereitungshandlungen zur betrügerischen Erlangung von Versicherungsleistungen. § 265 a trägt dem Umstand Rechnung, dass im modernen Personenverkehr und anderen Bereichen Leistungen automatisiert erbracht werden und nicht mehr durch Personal, dessen Leistung durch eine Täuschung erschlichen werden könnte.

§ 266 enthält mit dem Missbrauchs- und dem Treubruchstatbestand eigentlich zwei Tatbestände, deren Gemeinsamkeit in dem Erfordernis einer Vermögensbetreuungspflicht des Täters und eines Vermögensschadens besteht. Danach ist der Missbrauchstatbestand eine (eigentlich überflüssige) spezielle Variante des Treubruchstatbestandes. Bei § 266 b wurde das Erfordernis einer Vermögensbetreuungspflicht durch das der Inhaberschaft einer Scheck- oder Kreditkarte ersetzt. Im Übrigen entsprechen die Voraussetzungen dem Missbrauchstatbestand des § 266.

! *Kommt eine Strafbarkeit wegen Sachbetrugs in Betracht, also eine durch Täuschung erschlichene Verfügung über eine Sache, so sollte man vorher eine Strafbarkeit wegen Diebstahls prüfen. Scheidet dessen Tatbestand mangels Wegnahme aus, weil durch eine Täuschung ein Einverständnis in den Gewahrsamswechsel erschlichen wurde, kommt Betrug in Betracht. Soweit in derselben Handlung auch eine Unterschlagung liegen kann, ist diese danach zu prüfen, weil sie hinter dem Betrug zurücktritt. Darüber hinaus kann eine betrügerische Handlung, z.B. die Veräußerung gestohlener Sachen an Gutgläubige, zugleich den Tatbestand einer Anschlussstraftat wie Hehlerei oder Geldwäsche erfüllen. Diese konkurrieren ggf. tateinheitlich, weil sich die Hehlerei gegen den Geschädigten der Vortat und der Betrug gegen den Erwerber als Geschädigten richten.*

A. Betrug gemäß § 263

Betrug ist eine durch Täuschung erschlichene Selbstschädigung. Für den Prüfungsaufbau sind eine Reihe gesetzlich nicht geregelter Besonderheiten zu beachten. § 263 Abs. 3 enthält Strafzumessungsregeln für besonders schwere Fälle, während Abs. 5 einen eigenständigen Qualifikationstatbestand enthält!

Aufbauschema: Betrug

I. Tatbestand

1. Objektiv

a) Täuschung durch Vorspiegeln, Entstellen oder Unterdrücken von Tatsachen

b) Irrtum erregt oder unterhalten

c) Vermögensverfügung

d) Vermögensschaden

2. Subjektiv

a) Vorsatz

b) Absicht, sich oder einen Dritten rechtswidrig und stoffgleich zu bereichern

II. Rechtswidrigkeit

III. Schuld

IV. Strafschärfung gemäß **§ 263 Abs. 3 S. 2**

V. Strafantrag gemäß **§ 263 Abs. 4 i.V.m. §§ 247, 248 a**

I. Der **Tatbestand** setzt

1. objektiv

a) das Vorspiegeln falscher oder das Entstellen oder Unterdrücken wahrer Tatsachen voraus. Dies fasst man üblicherweise durch den Begriff der **Täuschung** zusammen. Eine Täuschung ist die ausdrückliche oder schlüssige unwahre Erklärung von Tatsachen. Tatsachen sind Gegebenheiten, die dem Beweis zugänglich sind, seien es äußere oder innere Tatsachen, also eine bestimmte Vorstellung oder Willensrichtung.

Werturteile können daher nicht Gegenstand einer Täuschung sein.

Beispiel: Wer als Gast im Restaurant Speisen und Getränke bestellt, erklärt damit schlüssig, zur Zahlung willens (innere Tatsache) und in der Lage (äußere Tatsache) zu sein.

Im Falle einer Garantenstellung gemäß § 13 kann auch das Unterlassen der Aufklärung über die Unwahrheit einer Tatsache tatbestandsmäßig sein. Die Garantenstellung muss jedoch die spezifische Pflicht begründen, den Irrenden vor einer selbstschädigenden Vermögensverfügung zu bewahren.

b) Durch die Täuschung muss ein Irrtum erregt oder unterhalten worden sein. **Irrtum** ist nach h.M. jede Fehlvorstellung über Tatsachen, die Gegenstand der Täuschung waren. **Erregen** bedeutet das Hervorrufen der Fehlvorstellung. **Unterhalten** ist nicht nur das Verhindern oder Erschweren der Aufklärung, sondern auch das Bestärken einer Fehlvorstellung.

Wer sich über bestimmte Umstände keine Gedanken macht, irrt darüber auch nicht. Diesen Fall bezeichnet man als „ignorantia facti". Andererseits genügt es zur Annahme eines Irrtums, wenn der Getäuschte davon ausgeht, dass „alles seine Ordnung" habe. Zweifelt der Getäuschte am Wahrheitsgehalt einer Tatsache, so schließt dies das Vorliegen eines Irrtums nicht aus, wenn das Für-möglich-halten der fraglichen Tatsache ausgereicht hat, ihn zu einer Vermögensverfügung zu veranlassen.

Die Vermögensverfügung ist ungeschriebenes Tatbestandsmerkmal und macht den Selbstschädigungscharakter des Betruges aus!

Ein rein juristischer Vermögensbegriff wird nicht mehr vertreten.

c) Vermögensverfügung ist jedes irrtumsbedingte Tun, Dulden oder Unterlassen, das unmittelbar zu einer Vermögensminderung beim Vermögen des Getäuschten oder bei einem ihm nahestehenden Vermögen eines Dritten geführt hat.

aa) Vermögen ist nach dem überwiegend vertretenen *wirtschaftlich-normativen* Vermögensbegriff die Summe aller geldwerten Güter einer Person, soweit ihr strafrechtlicher Schutz nicht im Widerspruch zur sonstigen Rechtsordnung steht. Nach dem *juristisch-ökonomischen* Vermögensbegriff gehören dagegen zum Vermögen nur solche geldwerten Güter, die auch unter dem Schutz der Rechtsordnung stehen. Hieraus ergibt sich eine Reihe von Streitigkeiten.

Beispiele: Auch der deliktisch erlangte Besitz kann nach dem wirtschaftlich-normativen Vermögensbegriff Gegenstand einer Verfügung sein.

Ob aber auch der Besitz illegaler Drogen einen schutzwürdigen Vermögenswert darstellt, ist auch in der neueren Rspr. umstritten.

Dagegen stellt die Aussicht, durch kriminelles Handeln Geld zu verdienen, nach allgemeiner Ansicht keinen Vermögenswert dar, weil sich das Strafrecht nicht in Widerspruch zu anderen Teilen der Rechtsordnung setzen darf.

Ob die Zahlung von Entgelt zur Belohnung kriminellen Handelns einen Vermögensschaden begründet, ist dagegen umstritten. Nach dem juristisch-ökonomischen Vermögensbegriff ist dies ausgeschlossen, während es nach der herrschenden Meinung keinen rechtsfreien Raum geben kann, in dem z.B. der Anbieter illegaler Waren den anderen um den Kaufpreis prellen darf, ohne sich strafbar zu machen.

bb) Eine Vermögens**minderung** liegt nicht erst dann vor, wenn ein realer Vermögenswert aus dem Vermögen abgeflossen ist, sondern schon dann, wenn die Verfügung des Opfers ein so starkes Verlustrisiko für das Vermögen verursacht hat, dass nach wirtschaftlichen Kriterien schon eine Entwertung des Vermögens eingetreten ist. Daher gibt es auch die Fälle des sogenannten **Eingehungsbetrugs**, in denen die Vermögensverfügung in der Eingehung einer vertraglichen Verbindlichkeit liegt. Wegen der Gefahr, aus dem Vertrag in Anspruch genommen zu werden, stellt der Vertragsschluss in der Regel bereits eine das Vermögen mindernde Verfügung dar.

Beispiel: Wer durch das Vorspiegeln nicht vorhandener Sicherheiten eine Bank zum Abschluss eines Darlehensvertrages veranlasst, kann bereits damit einen vollendeten Betrug begangen haben, wenn das Risiko besteht, dass er zur Rückzahlung des Darlehens nicht imstande sein wird.

Allerdings muss geprüft werden, ob die Möglichkeit, sich von dem Vertrag zu lösen oder die Inanspruchnahme auf die Leistung zu vermeiden, bei wirtschaftlicher Betrachtung nicht eine Minderung des Vermögens ausschließt.

Ob ein Schaden vorliegt, hängt erst vom wirtschaftlichen Wert der Aussicht auf die Gegenleistung ab.

Dies ist z.B. anerkannt für ein vertraglich vereinbartes Rücktrittsrecht und ein Widerrufsrecht gemäß § 355 BGB nach Verbraucherschutzrecht, solange die Frist nicht abgelaufen ist. Auch die Einrede des nicht erfüllten Vertrags gemäß § 320 BGB oder ein Zurückbehaltungsrecht können die Gefahr der Inanspruchnahme ohne Gegenleistung ausschließen. Die Anfechtbarkeit der durch Täuschung erschlichenen Willenserklärung oder die Bereitschaft des Vertragspartners zur einvernehmlichen Vertragsaufhebung schließen die vermögensmindernde Wirkung des Vertragsschlusses dagegen nicht aus.

Hat der Getäuschte seine Leistung bereits vertragsgemäß erbracht, so ist die Minderung des Vermögens wegen des mit der Rückabwicklung verbundenen Risikos in jedem Fall eingetreten.

Beispiel: V vertreibt nutzlose Präparate gegen Haarausfall mit voller „Geld-zurück-Garantie" per Nachnahme. – Das ist Betrug. Denn wegen der Garantie besteht zwar ein vertragliches Rücktrittsrecht. Ist jedoch der Kaufpreis als Nachnahme bereits bei der Lieferung entrichtet, wäre dessen Ausübung mit dem wirtschaftlichen Risiko verbunden, das Geld nicht zurückzuerhalten.

cc) Die Vermögensminderung ist **unmittelbar**, wenn die Minderung oder die konkrete Gefährdung ohne weitere deliktische Handlungen des Täters oder eines Dritten eingetreten ist.

Beispiel: Wer durch das Vorspiegeln von Kaufinteresse in einem Geschäft die Aushändigung von Ware zur Ansicht erschleicht, um dann in einem günstigen Moment damit aus dem Laden zu verschwinden, begeht einen Trickdiebstahl, aber keinen Betrug.

dd) Ein **Verfügungsbewusstsein** braucht der Getäuschte nicht zu besitzen. Daher kann auch das unbewusste Unterlassen der Geltendmachung einer Forderung eine das Vermögen mindernde Verfügung sein. Eine Ausnahme gilt zur Abgrenzung vom Diebstahl bei erschlichenen Gewahrsamsüberlassungen. Hier muss sich das Opfer im Zeitpunkt des Gewahrsamsverlusts darüber bewusst gewesen sein, den Gewahrsam zu übertragen.

Beispiel: A schiebt einen Einkaufswagen mit einer Großpackung Milchtüten und einer daneben stehenden CD durch die Warenhauskasse. Da der Kassierer die CD nicht sieht, berechnet er nur die Milch. – Hier ist die CD gestohlen, da der Kassierer von der CD nichts weiß und daher nicht das Bewusstsein hat, den Gewahrsam zu übertragen, indem er den A passieren lässt.

Anders, wenn A einen Windelkarton entleert, mit Zigarettenstangen befüllt und an der Kasse nur die Windeln bezahlt. Hier handelt es sich um Betrug, da der Kassierer im Irrtum über den Inhalt der Packung bewusst den Gewahrsam überträgt.

Siehe bereits die Ausführungen zur Wegnahme bei § 242.

Ferner darf die Vorstellung des Opfers nicht von einem so starken Zwang beherrscht sein, dass das Opfer glaubt, den Gewahrsamsverlust letztlich nicht verhindern zu können. Die Kriterien des Verfügungsbewusstseins beim Sachbetrug sind identisch mit dem Einverständnis in den Gewahrsamswechsel beim Diebstahl. Nur hierdurch ist eine Abgrenzung zwischen beiden Delikten möglich!

Beispiel hierfür sind die sogenannten „Beschlagnahmefälle“: Ganove G spiegelt der weltfremden O vor, er sei Beamter der „GEZ“. Da O seit Jahren keine Rundfunkgebühren bezahlt habe, sei ihr Fernseher beschlagnahmt. O sieht sich gezwungen, den Abtransport des Fernsehers durch G hinzunehmen. – Hier liegt mangels Vermögensverfügung kein Betrug, sondern Diebstahl vor. Denn das Dulden des Abtransports der Beute ist durch die irrige Annahme einer Zwangslage bedingt und daher kein wirksames Einverständnis.

Von der Erforderlichkeit eines Verfügungsbewusstseins ist die Frage zu trennen, welche Folge das Bewusstsein des Verfügenden hat, keine Gegenleistung zu erhalten. Dies ist eine Frage des Vermögensschadens.

Dreiecksbetrug ist aber nicht dasselbe wie ein fremdnütziger Betrug!

ee) Verfügt der Getäuschte über das Vermögen eines Dritten, spricht man von **Dreiecksbetrug**. In diesem Fall erfordert der Selbstschädigungscharakter des Betruges ein **Näheverhältnis** zwischen dem Inhaber des Vermögens und dem Verfügenden. Besteht die Verfügung in einer Gewahrsamsübertragung, entscheidet sich an diesem Punkt, ob es sich um Diebstahl in mittelbarer Täterschaft handelt oder Dreiecksbetrug.

Beispiel: A wendet sich auf dem Bahnsteig an einen Kofferträger und bittet ihn, ihm den neben dem Abfahrtplan stehenden Koffer zum Taxi zu tragen. Der Reisende R, der seinen Koffer abgestellt hatte, um den Plan zu studieren, wundert sich, wo sein Koffer geblieben ist. – Hier handelt es sich um Diebstahl in mittelbarer Täterschaft. Ein Betrug als Selbstschädigungsdelikt scheitert daran, dass zwischen K und R jede Nähebeziehung fehlt.

Welche Anforderungen an die Nähebeziehung zu stellen sind, ist umstritten. Nach der sogenannten **Befugnistheorie** ist Voraussetzung, dass der Getäuschte zur Verfügung über das fremde Vermögen rechtlich befugt ist, nach a.A. zumindest infolge der Täuschung glaubt, sich im Rahmen seiner Befugnisse zu halten. Nach der herrschenden **Lagertheorie** genügt schon jede tatsächliche Obhutsbeziehung des Getäuschten zu dem fraglichen Vermögensgegenstand, wenn er glaubt, im Interesse des Berechtigten darüber zu verfügen.

Beispiel: V ist verreist und hat seine Haushaltshilfe mit dem Blumengießen beauftragt. B erreicht durch Vorlage eines gefälschten Reparaturauftrags, dass die H ihm eine wertvolle Espressomaschine aushändigt, die er später gewinnbringend veräußert. – Nach der Befugnistheorie fehlt eine hinreichende Nähebeziehung, weil die Haushaltshilfe schon grundsätzlich nicht zur Herausgabe von Hausrat zu Reparaturzwecken berechtigt wäre. Nach der Lagertheorie handelt es sich um Dreiecksbetrug, weil H die Obhut über den Hausrat übertragen wurde.

Darin liegt auch ein Problem des **Prozessbetrugs**: Veranlasst der Kläger durch falschen Sachvortrag oder gefälschte Beweise das Gericht, den Beklagten zu einer Zahlung zu verurteilen, so liegt die das Vermögen des Beklagten mindernde Verfügung des Gerichts bereits in dem Erlass des Urteils, da dessen Vollstreckung nur noch von dem Willen des Klägers abhängt. Der Selbstschädigungscharakter erscheint jedoch fraglich. Das Näheverhältnis lässt sich nur damit begründen, dass das Gericht aufgrund seiner hoheitlichen Stellung sowohl über das Vermögen des Klägers (durch Klageabweisung) als auch das des Beklagten (durch Verurteilung) zu verfügen berechtigt ist.

Auch Prozessbetrug ist ein Dreiecksbetrug.

d) Ein **Vermögensschaden** liegt vor, wenn durch die Vermögensverfügung der Wert des strafrechtlich geschützten Vermögens geschmälert und nicht durch ein vermögenswertes Äquivalent in Form einer unmittelbar zufließenden Gegenleistung wieder ausgeglichen wurde. Das ist durch eine Saldierung der Werte des Vermögens vor und nach der Verfügung zu ermitteln.

Dabei kann bereits die konkrete Gefahr, auf eine Leistung in Anspruch genommen zu werden und die Gegenleistung nicht zu erhalten, einen Vermögensschaden begründen. Man spricht in solchen Fällen von einem **Gefährdungsschaden**.

Manche sprechen auch von einer schadensgleichen Vermögensgefährdung.

aa) Bei einseitigen Verfügungen des Getäuschten ist mit der Feststellung der Vermögensminderung in der Regel zugleich der Schaden gegeben.

Beispiel: Sich durch Vorspiegeln von Kaufinteresse Ware aus dem Laden zur Ansicht mitgeben zu lassen, um sie für sich zu behalten. Anderes gilt, wenn der Entschluss, die Ware zu behalten, erst später gefasst wird. Denn maßgeblich für die Schadensfeststellung ist der Eintritt der vermögensmindernden Wirkung der Verfügung.

bb) Bei betrügerischen Austauschverhältnissen kommt es auf die Bewertung der zugeflossenen Gegenleistung an. Dies ist insbesondere für die Fälle des **Eingehungsbetruges** von Bedeutung. Dieser zeichnet sich dadurch aus, dass die Vermögensverfügung in dem Abschluss eines Vertrages besteht, durch den der Getäuschte sich oder einen Dritten zu einer Leistung verpflichtet (s.o. S. 60). Hier entsteht mit der Verpflichtung zur Leistung zwar eine Vermögensminderung (zu den Ausnahmen s.o. S. 61). Zugleich erwirbt der Vertragschließende aber auch einen Anspruch auf die Gegenleistung. Wenn dessen wirtschaftlicher Wert die Vermögensminderung ausgleicht, fehlt es an einem Vermögensschaden.

Schadensermittlung beim Eingehungsbetrug

Ein Schaden ist jedoch dann gegeben, wenn die Gegenleistung **objektiv am Marktwert orientiert** nicht ihr Geld wert ist oder der Vertragspartner zur Erfüllung nicht willens oder in der Lage ist.

Beispiel sind u.a. die Fälle des Anstellungsbetrugs: Jemand erschleicht durch Vorlage gefälschter Zeugnisse eine Anstellung. Ist er nicht in der Lage, den Anforderungen zu genügen, begründet die Verpflichtung des Arbeitgebers zur Gehaltszahlung einen Vermögensschaden. Aber auch wenn der Täter in der Lage ist, die geschuldete Leistung zu verrichten, kann ein Schaden darin bestehen, dass die Höhe des Entgelts mit Rücksicht auf eine bestimmte Qualifikation gezahlt wird, die der Angestellte nicht hat.

Persönlicher Schadenseinschlag

cc) Auch wenn die Gegenleistung objektiv gleichwertig war, kann sie aus individuellen Gründen in der Person des Verfügenden minderwertig sein und deshalb ist ein Schaden zu bejahen. Man spricht hier von einem **persönlichen Schadenseinschlag**. Das ist insbesondere anzunehmen,

- wenn die Gegenleistung nicht zum vertraglich vorausgesetzten Zweck und auch sonst für den Getäuschten nicht zumutbar verwendbar ist,
- wenn es zur wirtschaftlich sinnvollen Nutzung weiterer Vermögensaufwendungen bedürfte oder
- wenn der Getäuschte nach Erfüllung des Geschäfts die zu einer angemessenen Lebensführung nötigen Mittel nicht mehr hat (mit anderen Worten: Er kann sich das nicht leisten.).

dd) Beim **Erfüllungsbetrug** scheidet eine solche Kompensation dagegen aus. Davon spricht man, wenn jemand bei der Erfüllung eines Vertrages die Vertragsmäßigkeit seiner Leistung vorspiegelt, um den anderen zu seiner Gegenleistung zu veranlassen. Mit dem Erbringen der Gegenleistung ist der Schaden entstanden.

ee) Nach der Lehre von der **bewussten Selbstschädigung** ist ein Vermögensschaden ausgeschlossen, wenn sich der Verfügende der vermögensschädigenden Folgen seines Handelns bewusst ist. Wer also, wenn auch täuschungsbedingt, Vermögensaufwendungen macht, ohne eine Gegenleistung zu erwarten oder in dem Bewusstsein keine zu erhalten, erleidet keinen strafrechtlich relevanten Schaden.

Beispiel: Ein Spendensammler sammelt unter Vorlage gefälschter Verwendungsnachweise für einen karitativen Zweck, dem er das Geld dann tatsächlich zuführt. – Da es das Wesen einer Spende ist, dass man keine Gegenleistung erwartet, hat der Spender keinen Vermögensschaden. Daher kein Betrug, obwohl die Aufwendung durch eine Täuschung erschlichen wurde.

ff) Hier kann allenfalls die **Zweckverfehlungslehre** zur Annahme eines Schadens führen: Wendet jemand täuschungsbedingt Vermögenswerte ohne wirtschaftliches Äquivalent auf, um karitative, kulturelle oder soziale Zwecke zu verfolgen, so kann die Verfehlung des verfolgten Zwecks ein den Schaden begründender Umstand sein.

Hier kann man von einer irrigen und daher nicht eigenverantwortlichen Selbstschädigung sprechen.

Beispiel: Verwendet der Spendensammler das gespendete Geld nicht für den vorgegebenen Zweck, so mag sich der Spender zwar des Ausbleibens einer Gegenleistung bewusst sein. Jedoch kann man von einer bewussten Selbstschädigung nicht mehr sprechen, da der Spendenzweck von vornherein nicht zu erreichen war und daher eine irrige Selbstschädigung vorliegt.

Voraussetzung für das Eingreifen des Zweckverfehlungsgedankens ist jedoch zum einen, dass der Verfügende überhaupt Aufwendungen ohne wirtschaftliche Gegenleistung macht. Andernfalls würde man durch die Annahme eines Betrugs nicht mehr den Wert des Vermögens schützen, sondern die Freiheit, es für bestimmte Zwecke auszugeben. Das widerspräche dem Schutzzweck des § 263. Zum anderen muss der Zweckverfehlungsgedanke auf solche Zwecke beschränkt bleiben, die in objektivierbarer Weise kommerzialisiert sind, wie eben kulturelle, karitative oder soziale Zwecke, für die üblicherweise gespendet wird.

Das hat die Rspr. auch auf das Erschleichen von staatlichen Subventionen übertragen. Verwendet der Subventionsempfänger die Subvention für einen anderen als den Subventionszweck, so stellt die fehlgeleitete Subvention einen Vermögensschaden für den Staat dar.

2. Der **subjektive Tatbestand** setzt außer

a) Vorsatz

b) die Absicht rechtswidriger und stoffgleicher Bereicherung voraus.

aa) Eine **Bereicherung** setzt eine vermögensmäßige Besserstellung voraus. **Absicht** setzt ein zielgerichtetes Handeln voraus. Daher muss es dem Täter auf die Bereicherung ankommen.

bb) Stoffgleich ist die Bereicherung, wenn Vorteil und Schaden auf derselben Vermögensverfügung beruhen und der Vorteil zulasten des geschädigten Vermögens geht. Hierdurch soll gewährleistet werden, dass es sich bei Betrug um ein Vermögensverschiebungsdelikt handelt.

Darin liegt regelmäßig ein Problem des **Provisionsvertreterbetrugs**: Dabei wird durch Täuschung ein Vertrag zwischen Dritten vermittelt, durch dessen Abschluss dem einen Vertragspartner ein Schaden entsteht, um von dem anderen Vertragspartner eine Vermittlungsprovision zu erhalten. Die in der Provision liegende Bereicherung ist hier nicht stoffgleich mit dem Schaden, da dieser auf dem geschlossenen Vertrag mit dem anderen Vertragspartner beruht und die Bereicherung in der Provision, die der andere Vertragspartner dem Vermittler zahlt. Dieser Betrug lässt sich daher nur als **fremdnütziger Betrug** wegen Drittbereicherungsabsicht zugunsten des anderen Vertragspartners begründen.

Fremdnütziger Betrug und Dreiecksbetrug (s.o.) sind also nicht dasselbe!

Beispiel: Der Gebrauchtwagenverkäufer schwatzt dem Kunden durch Täuschung „im Kundenauftrag" ein minderwertiges Fahrzeug auf, um vom Verkäufer die Provision zu erhalten. – Das ist Betrug, da unabdingbare Voraussetzung für die Einbehaltung der Provision die Vermittlung des Kaufvertrages ist und deshalb die Absicht nicht nur auf Erlangung der Provision, sondern auch auf die Bereicherung des Auftraggebers durch den Kaufpreis gerichtet ist.

Ggf. ist also das Bestehen eines Anspruchs nach bürgerlichem Recht zu prüfen.

cc) Rechtswidrig ist die erstrebte Bereicherung, wenn sie im Widerspruch zur zivilrechtlichen Vermögensordnung steht, also dem durch die Tat Begünstigten darauf kein Anspruch zusteht. Hierauf muss sich auch der Vorsatz des Täters beziehen.

II. Für die Prüfung von **Rechtswidrigkeit** und

III. Schuld gelten keine Besonderheiten.

IV. Bei den **Regelbeispielen** des **§ 263 Abs. 3** handelt es sich um Strafzumessungsregeln wie bei § 243. Die dort behandelten Probleme betreffend Vorsatz, Versuch und Teilnahmestrafbarkeit bestehen auch hier.

1. Soweit die Voraussetzungen der **Nr. 1** denen des § 243 entsprechen, ist auch die Auslegung dieselbe.

2. Bei **Nr. 2** ist unter **Vermögensverlust** nur die tatsächliche Verschiebung von Vermögenswerten zu verstehen. Ein Gefährdungsschaden stellt beim Eingehungsbetrug daher keinen Vermögensverlust dar, solange nur die Gefahr einer Inanspruchnahme auf die Leistung besteht. Ein Vermögensverlust **großen Ausmaßes** wird bei einem Schaden ab 50.000 € angenommen.

3. Wirtschaftliche Not gemäß **Nr. 3** setzt eine Gefährdung der Existenzgrundlage voraus, sodass der Gefährdete ohne Hilfe Dritter seinen Lebensunterhalt nicht mehr bestreiten kann.

4. Das Regelbeispiel der **Nr. 4** entspricht dem des § 240 Abs. 4 Nr. 3.

5. Das Regelbeispiel der **Nr. 5** stellt einen Zusammenhang mit den §§ 265 und 306 ff. her, jedoch nur für einen Teil der dort geregelten Fälle.

Gemäß Abs. 4 i.V.m. § 243 Abs. 2 ist bei geringfügigem Schaden die Annahme eines besonders schweren Falles ausgeschlossen. Insoweit gelten die dort gemachten Ausführungen.

V. Für den **Strafantrag** gemäß Abs. 4 i.V.m. §§ 247, 248 a gelten die dortigen Ausführungen. Antragsberechtigt ist der Geschädigte, nicht der Getäuschte.

B. Gewerbsmäßiger Bandenbetrug gemäß § 263 Abs. 5

Der gewerbsmäßige Bandenbetrug gemäß § 263 Abs. 5 stellt – vergleichbar mit § 244 a beim Diebstahl – eine Verbrechensqualifikation des § 263 Abs. 1 dar. Für den Prüfungsaufbau gelten die zu § 244 a dargestellten Regeln. Für die Auslegung seiner Tatbestandsvoraussetzungen gelten die Ausführungen zu den §§ 243, 244 Abs. 1 Nr. 2.

§ 263 Abs. 5 ist ein eigenständiger Verbrechenstatbestand.

C. Computerbetrug gemäß § 263 a

Der Tatbestand des Computerbetruges wurde eingeführt, weil man eine Datenverarbeitungsanlage nicht täuschen kann, sie nicht irrt und nicht verfügt. Diese Betrugsmerkmale sind deshalb dort durch spezifische Manipulationshandlungen von Datenverarbeitungsvorgängen ersetzt. Wegen der betrugsähnlichen Ausgestaltung folgen Aufbau und Auslegung dem § 263.

In dem besonders klausurträchtigen Fall der Abhebung von Bargeld am Automaten mit einer abhanden gekommenen ec-Karte müssen neben § 263 a auch die §§ 242 und 246 hinsichtlich des Geldes sowie §§ 265 a, 281 und 303 a geprüft werden. Ggf. kann auch die vorherige Entwendung der Karte als Diebstahl zu prüfen sein.

Aufbauschema: Computerbetrug

I. Tatbestand

1. Objektiv

a) Unbefugte Einwirkung auf den Ablauf eines Datenverarbeitungsvorgangs durch
- unrichtige Gestaltung des Programms,
- Verwenden unrichtiger Daten,
- unbefugtes Verwenden von Daten
- oder sonst

b) Beeinflussung des Ergebnisses

c) Unmittelbar vermögenserhebliches Ergebnis

d) Vermögensschaden

2. Subjektiv

a) Vorsatz

b) Absicht, sich oder einen Dritten rechtswidrig und stoffgleich zu bereichern

II. Rechtswidrigkeit

III. Schuld

IV. Strafschärfung gemäß **§§263 a Abs. 2, 263 Abs. 3 S. 2**

V. Strafantrag gemäß **§§263 a Abs. 2, 263 Abs. 4 i.V.m. §§ 247, 248 a**

I. Der **Tatbestand** setzt

1. objektiv

a) die **unbefugte Einwirkung auf den Ablauf eines Datenverarbeitungsvorgangs** voraus, wobei die Art und Weise („oder sonst") letztlich unerheblich ist. Zentrale Frage ist die umstrittene Auslegung des Merkmals „unbefugtes Verwenden von Daten". Während ein Teil der Lit. hierfür ein Handeln gegen oder ohne den Willen des Datenverfügungsberechtigten voraussetzt, folgt die herrschende Meinung einer betrugsspezifischen Auslegung und setzt ein **„täuschungsäquivalentes" Handeln** voraus. Dafür spricht, dass andernfalls jedes nur vertragswidrige Handeln den Tatbestand erfüllen würde. Hiernach ist Voraussetzung des unbefugten Verwendens von Daten, dass die Mitteilung der durch die Daten verkörperten Information gegenüber einer natürlichen Person eine ausdrückliche oder schlüssige Täuschungshandlung darstellen würde.

Beispiele: Danach ist die Verwendung von ec-Karten, die der Täter durch verbotene Eigenmacht erlangt hatte, am Geldautomaten ein Fall unbefugten Verwendens von Daten.

Die vertragswidrige Nutzung durch den Inhaber selbst ist nicht unbefugt, da er seine Berechtigung nicht vorspiegelt und eine Verfügung über das Konto nicht die Erklärung enthält, dass diese durch den Kontostand gedeckt sei.

Auch die missbräuchliche Nutzung durch einen Dritten, dem der Kontoinhaber die Karte überlassen hatte, ist – selbst wenn die Überlassung durch Täuschung erschlichen wurde – nicht unbefugt, weil die Verwendung der Daten aufgrund des durch den Kontoinhaber veranlassten Rechtsscheins bestehender Vertretungsmacht keinen Erklärungswert gegenüber der Bank über das Innenverhältnis des Dritten zum Kontoinhaber enthält.

b) Die **Beeinflussung des Ergebnisses** entspricht dem Erregen eines Irrtums.

c) Das **Ergebnis** muss – entsprechend dem Merkmal der Vermögensverfügung bei § 263 – **unmittelbar vermögenserheblich** sein, um eine durch EDV-Manipulation ermöglichte Fremdschädigung von § 263 a unterscheiden zu können. Voraussetzung ist also eine durch die Manipulation veranlasste automatisierte Vermögensverschiebung.

Beispiele: Das Erwirken eines Vollstreckungsbescheides im automatisierten Mahnverfahren stellt einen unmittelbar vermögensmindernden Vorgang dar.

Die Auszahlung von Geld am Automaten stellt eine automatisierte Vermögensminderung dar.

Das Überlisten des EDV-gesteuerten Verschlusses einer Tresortür ist Trickdiebstahl, aber kein Computerbetrug.

Die Zahlung im Lastschriftverfahren mittels einer unbefugt genutzten Karte erzeugt zwar eine elektronische Lastschrift. Diese ist aber nicht unmittelbar vermögenserheblich, da die Bank hierauf nicht zu zahlen verpflichtet ist.

Die Manipulation einer SB-Scannerkasse führt zwar zu einer falschen Preisangabe, diese ist aber für den Betreiber nicht unmittelbar vermögenserheblich.

d) Das Merkmal des **Vermögensschadens** entspricht dem § 263. Bei dem in Klausuren häufigen Fall des Missbrauchs entwendeter ec-Karten am Automaten ist zu beachten, dass der Schaden wegen § 675 u BGB nicht bei dem Kontoinhaber eintritt, sondern bei der das Konto führenden Bank. Soweit dieser gemäß § 675 v BGB gegen den Kontoinhaber ein Schadensersatzanspruch zusteht, begründet dies keinen Schaden des Kontoinhabers, sondern setzt den Schaden der Bank voraus!

2. Der **subjektive** Tatbestand und die

II. übrigen Strafbarkeitsvoraussetzungen entsprechen denen des Betruges.

1. Was ist eine Täuschungshandlung?	**1.** Eine Täuschungshandlung ist die ausdrückliche oder schlüssige Erklärung unwahrer Tatsachen. Tatsachen sind Gegebenheiten, die dem Beweis zugänglich sind.
2. Was versteht man unter „ignorantia facti"?	**2.** Damit bezeichnet man die schlichte Unkenntnis von Umständen im Unterschied zu einem Irrtum gemäß § 263, für den eine Fehlvorstellung erforderlich ist. Jedoch genügt hierfür, wenn der Getäuschte allgemein davon ausgeht, dass „alles in Ordnung" sei.
3. Was ist eine Vermögensverfügung bei § 263?	**3.** Das ist jedes irrtumsbedingte Tun, Dulden oder Unterlassen, das unmittelbar zu einer Vermögensminderung beim Vermögen des Getäuschten oder bei einem ihm nahestehenden Vermögen eines Dritten geführt hat.
4. Was ist Vermögen im strafrechtlichen Sinne?	**4.** Nach h.M. ist Vermögen die Summe aller geldwerten Güter einer Person. Nach a.A. gilt das nur, soweit die Vermögenswerte der Person unter dem Schutz der Rechtsordnung stehen.
5. Was ist ein Vermögensschaden?	**5.** Ein Vermögensschaden liegt vor, wenn der Wert des strafrechtlich geschützten Vermögens geschmälert und nicht durch ein vermögenswertes Äquivalent in Form einer unmittelbar zufließenden Gegenleistung wieder ausgeglichen wurde.
6. Was versteht man unter Stoffgleichheit einer Bereicherung?	**6.** Eine Bereicherung ist stoffgleich mit dem Vermögensschaden, wenn sie auf derselben Verfügung beruht und die Bereicherung auf Kosten des geschädigten Vermögens geht.
7. Was bedeutet „unbefugtes Verwenden von Daten" bei § 263 a?	**7.** Nach einer Ansicht genügt ein Handeln gegen den Willen des Datenverfügungsberechtigten. Nach der herrschenden betrugsspezifischen Auslegung ist hierfür ein täuschungsäquivalentes Handeln erforderlich.
8. Welche Anforderungen muss das Ergebnis des Datenverarbeitungsvorgangs bei § 263 a erfüllen?	**8.** Das Ergebnis muss, entsprechend dem Erfordernis einer Vermögensverfügung bei § 263, unmittelbar vermögensmindernde Wirkung haben.
9. Wer hat im Fall des ec-Kartenmissbrauchs am Geldautomaten den Schaden?	**9.** Wegen § 675 u BGB hat nicht der Kontoinhaber, sondern die das Konto führende Bank den Schaden. Dass sie diesen gemäß § 675 v BGB ersetzt verlangen kann, steht dem nicht entgegen.

4. Abschnitt: Raub und Erpressung

Alle Tatbestände des 20. Abschnitts sind für die Zwischenprüfung und die Examina von erheblicher Bedeutung.

Raub und räuberische Erpressung stehen oft mit den Tatbeständen des räuberischen Angriffs auf Kraftfahrer gemäß § 316 a und des erpresserischen Menschenraubes gemäß § 239 a in Zusammenhang. Diese Tatbestände spielen für die Zwischenprüfung jedoch regelmäßig keine Rolle.

Ihre Gemeinsamkeit besteht in der Anwendung von Zwang zur Herbeiführung einer Vermögensverschiebung sowie darin, dass die Raubqualifikationen der §§ 250 und 251 auch für die §§ 252 und 255 gelten, da hiernach der räuberische Dieb und der räuberische Erpresser „gleich einem Räuber" zu bestrafen sind.

Die wesentliche Problematik einer Falllösung besteht regelmäßig in der Abgrenzung dieser Delikte.

Raub und räuberischer Diebstahl sind Fremdschädigungsdelikte. Diese Tatbestände schützen neben der Freiheit der Willensentschließung und -betätigung das Eigentum und den Gewahrsam.

Hauptproblem: Abgrenzung von Raub, räuberischem Diebstahl und räuberischer Erpressung

Kennzeichnend für den Raub gemäß § 249 ist, dass der Täter den Zwang einsetzt, um den Gewahrsamswechsel zu erleichtern. Wendet er die Raubmittel dagegen erst nach Gewahrsamserlangung, aber vor der Sicherung des erlangten Gewahrsams (= vor Beendigung der Wegnahme) an, um sich den Besitz des gestohlenen Gutes zu erhalten, so greift der Spezialtatbestand des räuberischen Diebstahls gemäß § 252 ein.

Die Tatbestände der Erpressung und der räuberischen Erpressung schützen neben der Freiheit der Willensentschließung und -betätigung das Vermögen als Ganzes. Der Unrechtsgehalt liegt in einer mit Nötigungsmitteln erzwungenen Selbstschädigung.

Umstritten ist nun, welche Schlussfolgerungen daraus für die Auslegung der Tatbestände und deren Verhältnis zu ziehen sind.

Das herrschende Schrifttum beurteilt das Verhältnis von Raub und Erpressung wie das von Diebstahl und Betrug. Danach setzt die Erpressung auf Opferseite als abgenötigtes Verhalten eine Vermögensverfügung voraus. Eine Wegnahme gemäß § 249 setzt dagegen das Fehlen einer Vermögensverfügung voraus. Danach schließen Raub und räuberische Erpressung sich auf Tatbestandsebene bereits gegenseitig aus wie auch Diebstahl und Betrug.

Die Rspr. und ein anderer Teil der Lit. sind der Ansicht, dass eine Erpressung keine Vermögensverfügung voraussetze. Hiernach kann die erzwungene Duldung der Wegnahme einer Sache ein tatbestandsmäßiges Opferverhalten sein. Was eine Wegnahme im Sinne des Raubtatbestandes ist, richtet sich nur nach dem äußeren Erscheinungsbild. Hiernach kann dieselbe Handlung Raub und räuberische Erpressung sein. Danach schließt der Raub als lex specialis erst auf Konkurrenzebene die Strafbarkeit wegen räuberischer Erpressung aus. Scheitert die Strafbarkeit wegen Raubes daran, dass es sich bei der Beute nicht um eine Sache handelt, oder am Fehlen einer Wegnahme oder der Absicht rechtswidriger Zueignung, so kann eine Strafbarkeit wegen räuberischer Erpressung als lex generalis in Betracht kommen.

Liegen die §§ 249, 252 und 255 trotz der Anwendung von Nötigungsmitteln nicht vor, so liegt in dem vom Täter angewendeten Zwang zumindest eine Nötigung gemäß § 240.

! *Für den Aufbau der Falllösung folgt hieraus, dass die Strafbarkeit wegen Raubes, soweit dies in Betracht kommt, stets vor derjenigen wegen räuberischer Erpressung zu prüfen ist. Die Erörterung des vorgenannten Streits erfolgt dann bei der Prüfung der Wegnahme. Einer Streitentscheidung bedarf es wie üblich nur dann, wenn die jeweiligen Ansichten zu unterschiedlichen Lösungen kommen. Bei der Prüfung einer Erpressung muss der Streit bei dem Tatbestandsmerkmal des erzwungenen Tuns, Duldens oder Unterlassens aufgeworfen werden. Die Qualifikationen der §§ 250 und 251 sollten erst nach Prüfung des jeweiligen Grundtatbestandes geprüft werden.*

Die durch den Raub mitverwirklichten Delikte der Nötigung und des Diebstahls in all seinen Varianten treten ggf. hinter § 249 zurück.

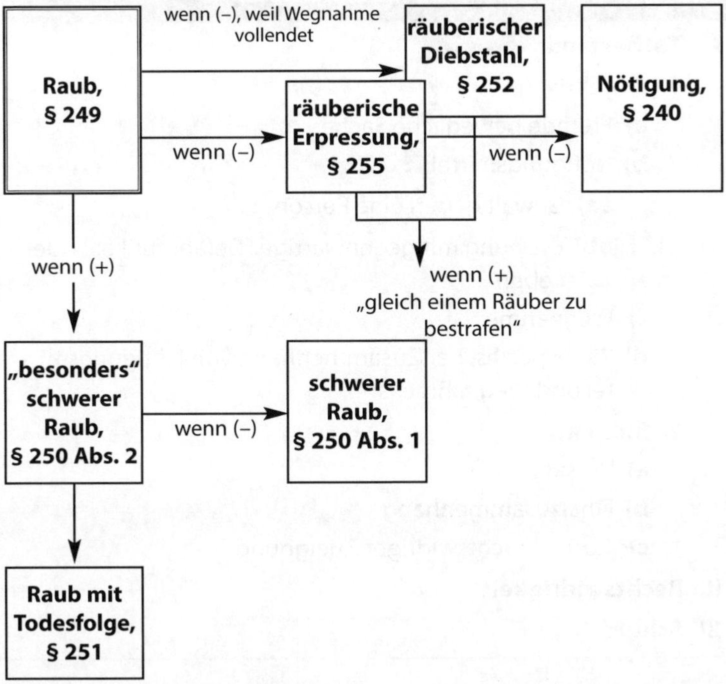

A. Raub gemäß § 249

Raub gemäß § 249 ist ein aus Diebstahl und besonderen Nötigungsmitteln kombiniertes Spezialdelikt und nicht nur Qualifikation des Diebstahls. Bei der Prüfung von Raub empfiehlt sich, vor der Wegnahme die Anwendung der Nötigungsmittel zu prüfen, weil deren Art maßgeblich für das Vorliegen einer Wegnahme sein kann. Im Falle von vis absoluta scheidet nämlich das Vorliegen einer Vermögensverfügung aus. In diesem Fall kommt auch nach h.Lit. allein Raub in Betracht, während Erpressung ausscheidet. Da Raub gemäß § 12 Abs. 1 ein Verbrechen ist, sind der Versuch und die Vorbereitung gemäß § 23 Abs. 1 bzw. § 30 mit Strafe bedroht.

Aufbauschema: Raub

I. Tatbestand
- **1. Objektiv**
  - **a)** Fremde bewegliche Sache
  - **b)** Nötigungsmittel
    - **aa)** Gewalt gegen eine Person
    - **bb)** Drohung mit gegenwärtiger Gefahr für Leib oder Leben
  - **c)** Wegnahme
  - **d)** Raubspezifischer Zusammenhang von Nötigungsmittel und Wegnahme (str.)
- **2. Subjektiv**
  - **a)** Vorsatz
  - **b)** Finalzusammenhang
  - **c)** Absicht rechtswidriger Zueignung

II. Rechtswidrigkeit

III. Schuld

I. Der **Tatbestand** setzt

1. objektiv eine

a) fremde bewegliche Sache als Tatobjekt voraus. Hierzu gelten die Regeln für den Diebstahl.

b) Als Tathandlung wird die Anwendung qualifizierter Nötigungsmittel vorausgesetzt.

aa) Gewalt gegen eine Person ist physische Zufügung eines gegenwärtigen Übels, das unmittelbar oder mittelbar auf den Körper des Genötigten wirkt und geleisteten oder erwarteten Widerstand brechen bzw. verhindern soll. Von besonderer Erheblichkeit braucht die Einwirkung nicht zu sein. Andererseits reicht die Ausübung nur seelischen Zwangs – anders als bei § 240 – nicht aus.

Beispiel: Die Rspr. sah schon darin Raubgewalt, dass eine Kassiererin mit Deospray angesprüht wurde, als Schutzreflex die Augen verschloss und damit dem Täter den Griff in die Kasse erleichterte. Dagegen reicht das Ausnutzen eines Überraschungsmoments ohne Überwindung körperlichen Widerstandes, wie z.B. häufig beim Entreißen einer Handtasche, nicht aus.

Die Gewalt kann sich auch gegen einen Dritten richten, wenn der zu Nötigende dies als Zwangslage empfindet.

Sehr streitig ist, ob Gewalt gegen eine Person – bei gegebener Garantenstellung gemäß § 13 – auch durch Unterlassen verübt werden kann. Die Rspr. hat dies zumindest in einem Fall der Nichtbeseitigung einer vorher zu anderen Zwecken erfolgten Fesselung angenommen.

bb) Drohung ist das Inaussichtstellen eines Übels, auf dessen Eintritt sich der Täter Einfluss zuschreibt, für den Fall, dass das Opfer sich nicht beugt. Insoweit gelten die Ausführungen zur Nötigung. Mit **Gefahr für Leib oder Leben** wird gedroht, wenn der Täter nicht unerhebliche Beeinträchtigungen der körperlichen Integrität in Aussicht stellt. Die angekündigte Gefahr ist **gegenwärtig**, wenn bei natürlicher Weiterentwicklung der Dinge der Nachteil sicher oder höchstwahrscheinlich eintreten wird, falls nicht alsbald Abwehrmaßnahmen ergriffen werden. Auch das angedrohte Übel kann sich gegen einen Dritten richten, wenn der zu Nötigende dies als Zwangslage empfindet.

Der Begriff „gegenwärtig" ist also wie in § 34 zu verstehen, nicht wie in § 32!

In diesem Fall spricht man von einem „Nötigungsdreieck".

c) Die **Wegnahme** setzt – wie beim Diebstahl – einen Gewahrsamswechsel ohne Einverständnis des Gewahrsamsinhabers voraus. Im Übrigen ist die Auslegung des Begriffs umstritten.

aa) Die Rspr. und Teile der Lit. stellen darauf ab, ob sich der Gewahrsamswechsel nach dem äußeren Erscheinungsbild als ein „Nehmen" der Sache darstellt, ob also der Täter selbst ohne irgendeine Mitwirkung des Opfers den Gewahrsamswechsel vollzieht.

Welcher Auffassung Sie in einer Klausur folgen, ist gleichgültig. Oft decken sich die Ergebnisse, deshalb erst immer beide Konzeptionen subsumieren!

bb) Nach der h.Lit. kommt es dagegen nicht auf das äußere Erscheinungsbild an. Wegnahme im Sinne des Raubtatbestandes liegt danach vor, wenn das Opfer beim Vollzug des Gewahrsamswechsels entweder überhaupt nicht mitgewirkt hat oder wenn der Mitwirkungsakt aus seiner Sicht letztlich nicht für den Gewahrsamswechsel notwendig war, der Täter also auch ohne die Mitwirkung des Opfers in der Lage gewesen wäre, den Gewahrsam an der erstrebten Sache zu erlangen. Die aus Opfersicht notwendige Mitwirkung stellt nämlich eine Vermögensverfügung dar, bei deren Vorliegen die h.Lit. Erpressung annimmt und Raub für ausgeschlossen hält.

d) Umstritten ist, ob der objektive Tatbestand einen Zusammenhang zwischen dem Nötigungsmittel und der Wegnahme voraussetzt. Verbreitet wird angenommen, dass insoweit ein gewisser zeitlich-räumlicher Zusammenhang genüge. Nach vordringender Ansicht in Rspr. und Lit. ist ein **raubspezifischer Zusammenhang** derart erforderlich, dass das Nötigungsmittel die Wegnahme zumindest erleichtert haben muss.

2. Der **subjektive Tatbestand** setzt neben

a) Vorsatz

b) einen **Finalzusammenhang** als subjektive Beziehung zwischen Nötigungsmittel und Wegnahme voraus. Die Gewalt oder die Drohung müssen aus der Sicht des Täters dazu dienen, die Gewahrsamserlangung an der Beute zu ermöglichen oder zu erleichtern. Das ist auch der Fall, wenn sich das Nötigungsmittel gegen einen anderen als den Gewahrsamsinhaber richtet, wenn der Täter gerade von diesem Widerstand gegen die Wegnahme erwartet. Der Finalzusammenhang fehlt, wenn die Nötigungshandlung lediglich Begleiterscheinung der Wegnahme ist, wenn die Wegnahme nur gelegentlich der Nötigungshandlung vorgenommen wird oder wenn die Wegnahme der Nötigungshandlung ohne innere Verknüpfung nur zeitlich nachfolgt.

Dieses „Raubdreieck“ ist nicht mit einem „Nötigungsdreieck“ zu verwechseln, in dem das Übel einem Dritten zugefügt wird.

Beispiel: Nach einer Schlägerei die Bewusstlosigkeit des Opfers zur Wegnahme seiner Geldbörse auszunutzen.

Gegenbeispiel: A zog die M, die sich heftig wehrte, an sich, um sie zu küssen. Dabei bemerkte er, dass sie einen Armreif trug. Ohne dass M dies bemerkte, streifte A den Reif ab und steckte ihn in die Tasche. – Hier lag Raub vor, da die fortdauernde Anwendung körperlichen Zwangs der Ermöglichung der Wegnahme diente.

Das bloße Ausnutzen einer körperlichen Zwangslage stellt, wenn nicht das Unterlassen ihrer Beseitigung als Gewaltanwendung durch Unterlassen anzusehen ist, keinen Raub dar. Eine zu anderen Zwecken angewandte Gewalt kann sich für das Opfer aber als Drohung mit gegenwärtiger Gefahr für Leib oder Leben darstellen. Dies auszunutzen begründet ebenfalls ausreichenden Finalzusammenhang.

c) Für die **Absicht rechtswidriger Zueignung** gelten dieselben Voraussetzungen wie beim Diebstahl.

II. Für **Rechtswidrigkeit** und

III. Schuld gelten keine Besonderheiten.

B. Räuberischer Diebstahl gemäß § 252

! *Kommt § 252 in Betracht, empfiehlt sich, zunächst eine Strafbarkeit wegen Diebstahls zu prüfen, um darauf bei der Prüfung des § 252 verweisen zu können.*

Der räuberische Diebstahl kann, da der Täter „gleich einem Räuber zu bestrafen“ ist, in gleicher Weise wie ein Raub gemäß §§ 250, 251 qualifiziert sein.

Aufbauschema: Räuberischer Diebstahl

I. Tatbestand

1. Objektiv

a) Bei einem Diebstahl auf frischer Tat betroffen

b) Nötigungsmittel

aa) Gewalt gegen eine Person

bb) Drohung mit gegenwärtiger Gefahr für Leib oder Leben

2. Subjektiv

a) Vorsatz

b) Absicht, sich im Besitz des gestohlenen Gutes zu halten

II. Rechtswidrigkeit

III. Schuld

I. Der **Tatbestand** setzt

1. objektiv voraus

a) bei einem Diebstahl auf frischer Tat betroffen zu sein. Vortat der Beutesicherung kann nur ein **Diebstahl** oder ein Raub sein, der ja die Diebstahlsvoraussetzungen enthält. Die Verteidigung von Erpressungs- oder Betrugsbeute wird also nicht erfasst. **Betroffen** ist der Täter nach h.M., wenn er mit dem anderen – das kann der Bestohlene oder ein Unbeteiligter sein – räumlich-zeitlich zusammengetroffen ist. Es kommt also nicht darauf an, ob der Betreffende die Tat oder den Täter bemerkt hätte. Befanden sich der Täter und der Betreffende jedoch bereits bei dem Diebstahl zusammen, so liegt ein Betroffensein nicht vor. **Bei einem Diebstahl** ist der Täter betroffen, wenn die Wegnahme schon vollzogen, aber noch nicht beendet, die Beute also noch nicht gesichert ist. Umstritten ist, ob zum Täter des § 252 auch werden kann, wer als Diebesgehilfe im Besitz der Beute betroffen wird. **Auf frischer Tat** ist der Täter betroffen, wenn der räumliche und zeitliche Zusammenhang zwischen Wegnahme und Beutesicherung so eng ist, dass ein dem Raub vergleichbarer Unrechtsgehalt vorliegt.

In diesem Falle wäre aber an Erpressung oder räuberische Erpressung zu denken!

b) Für die Nötigungsmittel der

aa) Gewalt gegen eine Person und

bb) Drohung mit gegenwärtiger Gefahr für Leib oder Leben gelten die Ausführungen zum Raub. Diese brauchen sich nicht gegen den Bestohlenen und auch nicht gegen denjenigen zu richten, von dem der Täter betroffen wurde. Da es für die Nötigungsmittel nur auf den Zweck der Beutesicherung ankommt, brauchen sie sich nur gegen denjenigen zu richten, von dem der Täter Widerstand gegen die Beutesicherung erwartet.

2. Der **subjektive** Tatbestand erfordert neben

a) Vorsatz

Ob die Beutesicherung gelingt, ist demnach für die Vollendung des räuberischen Diebstahls ohne Bedeutung!

b) die **Absicht, sich im Besitz des gestohlenen Gutes zu halten**. Das ist nur bei dem Diebstahlsbeteiligten der Fall, der den Gewahrsam hat oder dem die Ausübung der Sachherrschaft als Mittäter zuzurechnen ist. Dagegen erfüllt ein fremdnütziges Handeln nicht den Tatbestand. Ebenso wenig genügt es, die Beute als Beweismittel beseitigen zu wollen oder dass die Beuteerhaltung nur die Folge davon ist, dass sich der Täter mit Nötigungsmitteln der Strafverfolgung zu entziehen sucht. Daher muss das Nötigungsmittel von einem fortbestehenden Zueignungswillen getragen sein und sich gegen denjenigen richten, von dem der Täter Widerstand gegen die Beutesicherung erwartet.

II. Für **Rechtswidrigkeit** und

III. Schuld gelten keine Besonderheiten.

C. Räuberische Erpressung gemäß § 255

Räuberische Erpressung gemäß § 255 stellt eine Qualifikation der Erpressung gemäß § 253 dar. Der tatbestandliche Unterschied liegt allein in der Art der Nötigungsmittel. Darüber hinaus ist zu beachten, dass die Rechtswidrigkeit der Erpressung gemäß § 253 Abs. 2 die Annahme der Verwerflichkeit der Zweck-/Mittel-Relation voraussetzt, während die Rechtswidrigkeit der räuberischen Erpressung durch die Tatbestandsmäßigkeit indiziert wird. Für die Erpressung enthält § 253 Abs. 4 S. 2 Regelbeispiele für besonders schwere Fälle. Für deren Auslegung gelten die Ausführungen zu §§ 243 und 244. Die räuberische Erpressung kann in gleicher Weise wie ein Raub gemäß §§ 250, 251 qualifiziert sein.

Aufbauschema: Räuberische Erpressung
I. Tatbestand
1. Objektiv
a) Nötigungsmittel
aa) Gewalt gegen eine Person
bb) Drohung mit gegenwärtiger Gefahr für Leib oder Leben
b) Tun, Dulden oder Unterlassen des Opfers
c) Vermögensschaden
2. Subjektiv
a) Vorsatz
b) Absicht rechtswidriger und stoffgleicher Bereicherung
II. Rechtswidrigkeit
III. Schuld

I. Der **Tatbestand** setzt

1. objektiv

a) dieselben **qualifizierten Nötigungsmittel** voraus wie der Raub. Auch hier braucht sich das zugefügte oder angedrohte Übel nicht gegen denjenigen zu richten, der genötigt werden soll, solange die Übelszufügung für diesen eine Zwangslage begründet.

b) Hierdurch muss das Opfer zu einem **Tun, Dulden oder Unterlassen** genötigt werden. Zentrale Frage der Erpressungstatbestände ist, welche Anforderungen an dieses Verhalten zu stellen sind.

aa) Nach der Rspr. handelt es sich bei Erpressung um einen speziellen Fall der Nötigung. Hiernach und nach dem Wortlaut kann **jede Opferreaktion mit Vermögensbezug**, etwa die Herausgabe einer Sache, den Tatbestand erfüllen. Aber auch die durch Drohung mit einem empfindlichen Übel erzwungene Duldung der Wegnahme kann daher den Erpressungstatbestand erfüllen. Ggf. dürfte diese jedoch hinter der Strafbarkeit wegen Diebstahls zurücktreten. Im Falle qualifizierter Nötigungsmittel verdrängt ggf. der Raub als lex specialis die Strafbarkeit wegen räuberischer Erpressung.

Jedenfalls wurde noch kein Dieb auch wegen tateinheitlicher Erpressung verurteilt, auch nicht in den sogenannten „Beschlagnahmefällen".

bb) Nach der h.Lit. folgt jedoch aus dem Selbstschädigungscharakter der Erpressung, dass diese – wie auch der Betrug – auf Opferseite eine **Vermögensverfügung** voraussetzt. Daher schließen sich Diebstahl bzw. Raub und Erpressung bzw. räuberische Erpressung tatbestandlich gegenseitig aus. Jedoch dürfen die Anforderungen an eine Vermögensverfügung bei § 263 nicht schematisch auf die Erpressung übertragen werden. Vielmehr wird als Vermögensverfügung überwiegend eine aus Opfersicht notwendige Mitwirkung an der Vermögensverschiebung verstanden. Das ist der Fall, wenn das Opfer aus seiner Sicht glaubt, eine Wahl zwischen der Hinnahme des Übels unter Vermeidung des Vermögensschadens und der Vermeidung des Übels unter Verlust der Beute zu haben. Eine Vermögensverfügung kann daher auch in der Duldung der Wegnahme zu sehen sein, wenn das Opfer glaubt, den Verlust durch das Leisten von Widerstand vermeiden zu können. Eine Vermögensverfügung ist danach bei Anwendung von vis absoluta ausgeschlossen.

Konsequenz: Scheitert bei Anwendung von vis absoluta die Raubstrafbarkeit daran, dass die Beute keine Sache ist oder der Täter keine Zueignungsabsicht hat, kommt nach der h.Lit. auch räuberische Erpressung nicht in Betracht, sondern allenfalls Nötigung.

Dreieckserpressung

cc) Im Fall der **Dreieckserpressung** verfügt der Genötigte über Vermögenswerte eines Dritten. Wie beim Betrug ist auch hier ein **Näheverhältnis** zwischen dem Genötigten und dem Vermögensinhaber erforderlich, um den Selbstschädigungscharakter der Erpressung zu erhalten. Hinsichtlich der Anforderungen daran besteht derselbe Streit wie beim Betrug. Manche setzen deshalb eine rechtliche Befugnis des Genötigten zur Verfügung über das Vermögen des Dritten voraus. Die Rspr. lässt dagegen ein tatsächliches Obhutsverhältnis genügen, wenn der Genötigte glaubt, durch seine Mitwirkung im Interesse des Vermögensinhabers zu handeln.

c) Hierdurch muss dem Genötigten oder einem Dritten ein **Vermögensschaden** entstehen. Für diesen Begriff gelten die Ausführungen zu § 263.

2. Der **subjektive Tatbestand** setzt

a) Vorsatz und

b) die **Absicht rechtswidriger** und **stoffgleicher Bereicherung** voraus. Hierfür gelten dieselben Grundsätze wie bei § 263.

II. Die **Rechtswidrigkeit** der Erpressung setzt die Verwerflichkeit der Anwendung des Mittels zu dem angestrebten Zweck voraus. Für deren Prüfung gelten die gleichen Regeln wie bei § 240. Die Rechtswidrigkeit der räuberischen Erpressung wird dagegen durch die Tatbestandsmäßigkeit indiziert.

III. Für die **Schuld** gelten keine Besonderheiten.

D. Schwerer Raub, schwerer räuberischer Diebstahl, schwere räuberische Erpressung gemäß §§ 249, 252, 255 i.V.m. § 250

Der Qualifikationstatbestand des § 250 enthält mit den ersten beiden Absätzen aufgrund der unterschiedlichen Strafdrohungen eigentlich zwei verschiedene Tatbestände, deren erster als „schwerer Raub", deren zweiter als „besonders schwerer Raub" bzw. räuberischer Diebstahl oder räuberische Erpressung bezeichnet werden. Dabei treten Fälle des Abs. 1 regelmäßig hinter Abs. 2 zurück. Die Prüfung kann jedoch wie folgt zusammengefasst werden:

Aufbauschema: § 250

I. Tatbestand

1. **Grundtatbestand** gemäß **§§ 249, 252 oder 255**
2. **Qualifikation** gemäß **§ 250**
   - a) **Abs. 2:** Täter oder anderer Beteiligter
     - **aa) Nr. 1:** Verwenden einer Waffe oder eines anderen gefährlichen Werkzeugs bei der Tat
     - **bb) Nr. 2:** Beisichführen einer Waffe in den Fällen des Abs. 1 Nr. 2
     - **cc) Nr. 3:** Eine andere Person
       - **(1)** bei der Tat körperlich schwer misshandeln oder
       - **(2)** durch die Tat in die Gefahr des Todes bringen
     - **dd)** Vorsatz
   - **b) Abs. 1**
     - **aa) Nr. 1:** Täter oder anderer Beteiligter
       - **a)** Beisichführen einer Waffe oder eines anderen gefährlichen Werkzeugs
       - **b)** Beisichführen eines sonstigen Werkzeugs oder Mittels
       - **c)** Eine andere Person durch die Tat in die Gefahr einer schweren Gesundheitsschädigung bringen
     - **bb) Nr. 2:** Bandenraub
     - **cc)** Vorsatz; bei Nr. 1 b) Handeln, um den Widerstand einer anderen Person durch Gewalt oder durch Drohung mit Gewalt zu verhindern oder zu überwinden

II. Rechtswidrigkeit

III. Schuld

I. Sind mehrere Varianten innerhalb von Abs. 1 bzw. 2 erfüllt, so handelt es sich nach h.M. um eine tatbestandliche Handlungseinheit, also dieselbe Straftat.

II. Umstritten ist, ob die Verwirklichung der qualifizierenden Umstände auch nach Vollendung des jeweiligen Grundtatbestandes im Stadium der Beutesicherung bis zur tatsächlichen Beendigung den Tatbestand erfüllt. Teile der Lit. lehnen dies ab, weil mit dem Begriff der „Tat" nur die Verwirklichung des Grundtatbestandes erfasst werde, der die Beutesicherung nicht mitumfasse. Die Rspr. hat ihren gegenteiligen Standpunkt inzwischen dahin eingeschränkt, dass die Erfüllung der qualifizierenden Voraussetzungen den Tatbestand nur erfülle, wenn dies von einer fortbestehenden Zueignungs-, Bereicherungs- oder Beutesicherungsabsicht getragen war. Ein Handeln „bei Gelegenheit" des Raubes genügt danach nicht.

Beispiel: A zwingt B durch Androhung von Prügel zur Herausgabe seines Handys, um dies für sich zu behalten. Als er erkennt, dass es sich um ein veraltetes Modell handelt, prügelt er ihn aus Enttäuschung krankenhausreif. – Das ist auch nach der Rspr. keine besonders schwere räuberische Erpressung, weil die körperlich schwere Misshandlung nicht von Beutesicherungsabsicht getragen war.

III. Für die Auslegung der Voraussetzungen gilt Folgendes:

1. Der **Waffen**begriff ist in allen Tatbestandsvarianten derselbe wie bei § 224 Abs. 1 Nr. 2.

2. Ein **anderes gefährliches Werkzeug** ist in **Abs. 2 Nr. 1** wie in § 224 Abs. 1 Nr. 2 zu verstehen, also abhängig von der konkreten Art der Verwendung bzw. der angedrohten Verwendung im Einzelfall. Das **Verwenden bei der Tat** setzt den Einsatz gegen die Person des Opfers als Tatmittel zur Verwirklichung des Grundtatbestandes, sei es auch nur zur Drohung, voraus. Im Fall der Drohung muss das Opfer die Waffe bzw. das gefährliche Werkzeug auch wahrgenommen haben.

Das folgt schon aus der unterschiedlichen Strafdrohung dieser Tatbestände.

3. Eine **körperlich schwere Misshandlung** gemäß **Abs. 2 Nr. 3 a)** darf nicht mit § 226 oder § 224 gleichgesetzt werden, sondern erfasst solche Misshandlungen, deren Intensität oder Folgen über das für eine körperliche Misshandlung ohnehin erforderliche Maß erheblich hinausgehen und für das Opfer von besonderem Gewicht sind.

4. Jemanden **in die Gefahr des Todes** gemäß **Abs. 2 Nr. 3 b)** zu bringen setzt eine konkrete Lebensgefahr voraus, sodass Eintritt oder Ausbleiben tödlicher Folgen nur noch vom Zufall abhängen.

Der Gefährdete braucht nicht mit dem Opfer des Grunddelikts identisch zu sein.

5. Für den Begriff des **gefährlichen Werkzeugs** in **Abs. 1 Nr. 1 a)** besteht derselbe Streit wie in § 244 Abs. 1 Nr. 1, da das Werkzeug ja nicht eingesetzt zu werden braucht, sondern das **Beisichführen** genügt. Auch hierfür gelten die Ausführungen zu § 244 Abs. 1 Nr. 1.

Der Begriff ist also in Abs. 1 anders zu verstehen als in Abs. 2.

6. Das **sonstige Tatmittel** gemäß **Abs. 1 Nr. 1 b)** erfasst auch objektiv ungefährliche Gegenstände, deren äußeres Erscheinungsbild – unabhängig von der Wahrnehmung durch das Opfer – den Eindruck besonderer Gefährlichkeit hervorrufen kann, wie ungeladene Waffen und Waffenattrappen.

Nicht erfasst wird dagegen die Verwendung solcher Gegenstände, die nach ihrem äußeren Erscheinungsbild objektiv offensichtlich ungefährlich sind, bei denen dem Opfer nur mittels einer verbalen Scheindrohung der Eindruck einer besonderen Gefahrenlage vermittelt wird. In diesen Fällen überwiegt die Täuschung den Zwang derart, dass eine Strafschärfung nicht gerechtfertigt wäre.

Auf die subjektive Wahrnehmung durch das Opfer kommt es also nicht an.

Beispiel: Drohung mit einem in der Manteltasche verborgenen Metallrohr.

7. Mit der **Gefahr einer schweren Gesundheitsschädigung** gemäß **Abs. 1 Nr. 1 c)** wird wiederum eine konkrete Gefahr vorausgesetzt. Auch die schwere Gesundheitsschädigung darf weder mit gefährlicher noch schwerer Körperverletzung gleichgesetzt werden. Erfasst werden solche Schädigungen, die hinsichtlich Dauer und Gewicht besonders erheblich sind und sich z.B. in längerer Arbeitsunfähigkeit äußern. Man kann allerdings einen § 226 entsprechenden Schweregrad voraussetzen.

8. Für den **Bandenraub** nach **Abs. 1 Nr. 2** gelten dieselben Regeln wie bei § 244 Abs. 1 Nr. 2.

9. Alle qualifizierenden Umstände müssen vom Vorsatz umfasst sein. Das Beisichführen eines sonstigen Tatmittels gemäß Abs. 1 Nr. 1 b) muss von Verwendungsabsicht getragen sein.

E. Raub, räuberischer Diebstahl bzw. räuberische Erpressung mit Todesfolge gemäß §§ 249, 252, 255 i.V.m. § 251

Hierbei handelt es sich um ein erfolgsqualifiziertes Delikt, sodass die dafür geltenden Aufbauregeln anzuwenden sind. Insoweit kann auf § 227 verwiesen werden.

!

Aufbauschema: § 251

I. Tatbestand
  1. Grundtatbestand gemäß **§§ 249, 252 oder 255**
  2. Erfolgsqualifikation
    a) Verursachung des Todes eines anderen Menschen durch das Grunddelikt
    b) Wenigstens leichtfertig
    c) Objektive Zurechnung, insbesondere gefahrspezifischer Zusammenhang von Grunddelikt und schwerer Folge

II. Rechtswidrigkeit

III. Schuld, insbesondere **Fahrlässigkeitsschuld hinsichtlich der schweren Folge**

Da auch vorsätzliches Handeln tatbestandsmäßig ist, können Raub mit Todesfolge und Mord zusammentreffen!

Der Getötete braucht nicht Opfer des Grunddelikts gewesen zu sein. Als Besonderheit ist zu beachten, dass der Tod des Opfers nicht nur fahrlässig, sondern wenigstens leichtfertig verursacht werden muss. Das setzt eine besonders schwerwiegende Sorgfaltspflichtverletzung voraus, oder dass sich die Folgen dem Täter aufgedrängt haben oder hätten aufdrängen müssen. Da ein „wenigstens" leichtfertiges Handeln ausreicht, wird auch die vorsätzliche Tötung vom Tatbestand erfasst.

Ferner muss sich in dem Tod des Opfers das dem jeweiligen Grundtatbestand spezifisch anhaftende Risiko realisiert haben. Das ist typischerweise der Fall, wenn das Opfer an den Folgen der Gewaltanwendung stirbt. Ob das auch gilt, wenn der Tod des Opfers Folge der Wegnahme z.B. lebenswichtiger Medikamente ist, ist umstritten.

Nach der – umstrittenen – Rspr. kann auch die Verursachung tödlicher Folgen in der Beendigungsphase des Grunddelikts und nach dem Fehlschlag eines Versuchs zur Qualifikation führen, wenn dies Folge des typischen Erscheinungsbildes – z.B. eines bewaffneten Überfalls – ist.

Daher sind auch versuchter Raub bzw. räuberischer Diebstahl oder räuberische Erpressung mit Todesfolge denkbar (sogenannter erfolgsqualifizierter Versuch). Anstelle des vollendeten Grunddelikts ist dann dessen Versuch zu prüfen. Da auch die vorsätzliche Tötung erfasst wird, ist auch der „Versuch der Erfolgsqualifikation" denkbar.

1. Was ist Gewalt gegen eine Person?	**1.** Gewalt gegen eine Person ist die Zufügung eines gegenwärtigen Übels, das unmittelbar oder mittelbar auf den Körper des Genötigten wirkt und geleisteten oder erwarteten Widerstand brechen bzw. verhindern soll.
2. Was ist eine Wegnahme bei § 249?	**2.** Wegnahme ist auch hier der Bruch fremden und die Begründung neuen Gewahrsams. Umstritten ist jedoch, ob dafür das äußere Erscheinungsbild maßgebend ist (so die Rspr.), oder das Fehlen einer Vermögensverfügung (so die h.Lit).
3. Welche Anforderungen sind an das Tun, Dulden oder Unterlassen des Opfers bei der Erpressung zu stellen?	**3.** Nach der Rspr. genügt jedes vermögenserhebliche Verhalten. Nach h.Lit. bedarf es jedoch einer Vermögensverfügung des Opfers. Diese hängt davon ab, ob aus Opfersicht seine Mitwirkung zur Vermögensverschiebung erforderlich ist oder ob sein Verhalten ohne Einfluss darauf wäre, der Verlust also nicht zu verhindern ist.
4. Was ist eine Waffe i.S.v. § 250?	**4.** Darunter ist jeder Gegenstand zu verstehen, dessen Zweckbestimmung darin besteht, als Angriffs- oder Verteidigungsmittel eingesetzt zu werden und der dabei geeignet ist, erhebliche Verletzungen zu verursachen.
5. Was ist ein gefährliches Werkzeug in § 250?	**5.** Bei § 250 Abs. 2 ist der Begriff mit § 224 Abs. 1 Nr. 2 identisch, nicht jedoch bei Abs. 1 Nr. 1 a). Da jeder objektiv gefährlich einsetzbare Gegenstand erfasst sein könnte, besteht hier wie bei § 244 Abs. 1 Nr. 1 a) ein besonderes Einschränkungsbedürfnis. Umstritten ist, ob es dafür auf objektive Umstände ankommt, wie seine Waffenersatzfunktion, oder auf die subjektiven Vorstellungen des Täters, z.B. einen Verwendungsvorbehalt.
6. Was ist ein sonstiges Tatmittel gemäß § 250 Abs. 1 Nr. 1 b)?	**6.** Das sind solche, die objektiv ungefährlich sind, wie Scheinwaffen und Waffenattrappen, aber den äußeren Anschein von Gefährlichkeit hervorrufen. Beruht der Eindruck der Gefährlichkeit jedoch nicht auf der optischen Wahrnehmung durch das Opfer sondern einer verbalen Täuschung des Täters, fallen sie nicht unter diesen Begriff.
7. Was bedeutet das Verwenden in § 250 Abs. 2 Nr. 1?	**7.** Das Verwenden setzt den Einsatz gegen die Person des Opfers voraus, sei es als Mittel zur Gewaltanwendung oder zur Drohung.

5. Abschnitt: Anschlussdelikte

Der 21. Abschnitt regelt die sogenannten Anschlussdelikte, von denen hier nur die Hehlerei interessiert.

Begünstigung ist ein „Restitutionsvereitelungsdelikt"

Die Begünstigung gemäß § 257 erfasst als „sachliche" Begünstigung ein Handeln, das darauf abzielt und geeignet ist, dem Vortäter die unmittelbar aus der Vortat erlangten Vorteile zu erhalten und vor dem Entzug zugunsten des Vortatgeschädigten zu schützen. Die Strafvereitelung gemäß § 258 erfasst als „persönliche" Begünstigung die Beeinträchtigung des allgemeinen Interesses an der Verfolgung und Ahndung von Straftaten. Die Geldwäsche gemäß § 261 erfasst als Rechtspflegedelikt zur Bekämpfung von organisierter Kriminalität das Einschleusen deliktisch erlangter Vermögenswerte in den legalen Wirtschaftskreislauf.

Erfüllt dieselbe Handlung mehrere Anschlussstraftatbestände, so konkurrieren diese wegen des unterschiedlichen Unrechtsgehalts meist tateinheitlich.

Die Tatbestände der Hehlerei gemäß §§ 259 ff. schützen das Vermögen des durch die Vortat Geschädigten. Die §§ 260 und 260 a enthalten Qualifikationen des § 259. Im Falle gewerbsmäßiger *oder* bandenmäßiger Begehung bleibt die Tat gemäß § 260 ein Vergehen. Beim *Zusammentreffen* bandenmäßiger und gewerbsmäßiger Begehung wird die Tat gemäß § 260 a zum Verbrechen. Für die Auslegung der qualifizierenden Voraussetzungen gelten die Ausführungen zu §§ 243 Abs. 1 S. 2 Nr. 3, 244 Abs. 1 Nr. 2.

Hehlerei gemäß § 259

Aufbauschema: Hehlerei

I. Tatbestand
- **1. Objektiv**
  - **a)** Sache, die ein anderer gestohlen oder sonst durch eine gegen fremdes Vermögen gerichtete rechtswidrige Tat erlangt hat
  - **b)** Tathandlung
    - **aa)** Sich oder einem Dritten verschaffen, insbesondere ankaufen
    - **bb)** Absetzen oder Absatzhilfe
- **2. Subjektiv**
  - **a)** Vorsatz
  - **b)** Absicht der Bereicherung

II. Rechtswidrigkeit

III. Schuld

IV. Strafantrag gemäß **Abs. 2** i.V.m. **§§ 247, 248 a**

Unrechtsgehalt der Hehlerei ist neben der Aufrechterhaltung oder Vertiefung der durch eine rechtswidrige Vortat entstandenen Vermögenslage das latente Zusammenwirken von Vortätern und Hehlern. Dies schlägt sich in der Auslegung nieder.

I. Der **Grundtatbestand** setzt

1. objektiv

a) als Tatobjekt eine Sache voraus, die ein anderer gestohlen oder sonst durch eine gegen fremdes Vermögen gerichtete rechtswidrige Tat erlangt hat. **Sachen** sind nur körperliche Gegenstände, daher kann ein Bankguthaben nicht verhehlt werden. Eine **rechtswidrige Tat** ist in § 11 Abs. 1 Nr. 5 legaldefiniert. Sie muss nicht schuldhaft gewesen sein und sich tatsächlich **gegen fremdes Vermögen** gerichtet haben. Taugliche Vortaten sind daher nicht nur Delikte, die den Schutz fremden Vermögens bezwecken, sondern auch z.B. eine Geldwäsche. Die Tat muss von einem **anderen** begangen sein. Daher ist der Vortäter nicht tauglicher Hehler, wohl aber dessen Anstifter oder Gehilfe. Der andere muss die Sache bereits **erlangt** haben. Das setzt das Bestehen einer durch die Vortat entstandenen rechtswidrigen Besitzlage voraus, deren Aufrechterhaltung oder Vertiefung die Handlung dient. Eine Beteiligung an der Vortat kann daher nicht zugleich Hehlerei sein. Tatobjekt kann jedoch nur die aus der Vortat unmittelbar erlangte Beute sein. Sachen, die mit Mitteln aus der Vortat beschafft wurden, sind also keine Hehlerware, solange die Beschaffung nicht selbst ein Vermögensdelikt darstellt. Die „Ersatzhehlerei" ist daher nicht gemäß § 259 strafbar.

Anders bei § 261, der alle Gegenstände, also auch Forderungen erfasst.

Daher muss, wo es in Betracht kommt, immer zuerst eine täterschaftliche Beteiligung an der Vortat geprüft werden.

Anders bei § 261, wo das Herrühren aus der Vortat genügt.

Veräußert der Dieb die Beute an einen gutgläubigen Dritten, so handelt es sich jedoch um Betrug und bei dem Erlös wiederum um Hehlerware.

b) Als Tathandlung sind zwei Gruppen zu unterscheiden:

aa) Die Beute sich oder einem Dritten zu verschaffen setzt ein Handeln im eigenen Interesse bzw. dem des Dritten voraus. Erforderlich ist zudem ein vom Vortäter abgeleiteter einvernehmlicher Erwerb. Daher sind nach h.M. der Diebstahl oder die mit Nötigungsmitteln erzwungene oder durch Täuschung erschlichene Verschaffung von Hehlerware nicht gemäß § 259, sondern gemäß §§ 242, 253, 263 strafbar. Danach bedeutet das **Sichverschaffen** die Begründung eigener Verfügungsgewalt an der Sache im Wege einvernehmlichen Erwerbs vom Vortäter, um im eigenen Interesse darüber verfügen zu können. Das **Ankaufen** ist ein Unterfall des Sich-

Achtung!
Das Sichverschaffen ist nicht in allen Vorschriften gleich zu verstehen. Daher kann die Verschaffung mit Nötigungsmitteln z.B. durchaus unter § 261 fallen.

verschaffens. **Einem Dritten Verschaffen** bedeutet die Übertragung der Verfügungsgewalt auf den Dritten in dessen Interesse im Einvernehmen mit dem Vortäter.

Beispiel: Die entgeltliche, aber im Interesse des Vortäters liegende Verwahrung der Beute stellt kein Sichverschaffen dar, da die Entgeltlichkeit der Verwahrung nicht bedeutet, dass der Verwahrer im eigenen Interesse über die Beute verfügen würde. Es kommt jedoch Begünstigung in Betracht.

bb) Absetzen oder Absatzhilfe setzt dagegen ein Handeln im Interesse des Vortäters voraus. Für beide Varianten ist umstritten, ob es zum Absatz der Beute tatsächlich kommen muss. Nach einer Ansicht genügt ein auf die Verwertung der Beute gerichtetes und dazu auch geeignetes Handeln, ohne dass es eines Absatzerfolges bedürfte. Nach h.Lit. muss es jedoch zum Absatz auch tatsächlich kommen, da ja der Versuch schon gemäß Abs. 3 mit Strafe bedroht ist. Die Rspr. hat sich dem inzwischen für das Absetzen angeschlossen.

Ob dies auch für die Absatzhilfe gilt, ist noch offen.

Das **Absetzen** erfasst jede selbstständige wirtschaftliche Verwertung der Beute im Interesse des Vortäters. **Absatzhilfe** bedeutet die unselbstständige Unterstützung der Absatzbemühungen des Vortäters in dessen Interesse. Diese ist als täterschaftliche Hehlerei unter Strafe gestellt, da die Unterstützung des Vortäters, der ja selbst nicht Hehler sein kann, sonst auch nicht als Beihilfe strafbar wäre. Wer dagegen einem Hehler Hilfe leistet, wird als Gehilfe gemäß §§ 259, 27 bestraft.

Das ist insoweit von Bedeutung, als die Strafe des Gehilfen gemäß § 27 Abs. 2 zu mildern ist und der Versuch der Beihilfe nicht mit Strafe bedroht ist. Beides gilt nicht für die täterschaftliche Absatzhilfe!

Beispiel: Die Rückverschaffung von Diebesbeute an den Eigentümer in Anerkennung seines Eigentums stellt keine Hehlerei dar, da dies nicht zur Aufrechterhaltung der rechtswidrigen Besitzlage führt. Dies ist nur umstritten, wenn die Rückveräußerung unter Leugnung des Eigentums geschieht.

2. Der **subjektive Tatbestand** setzt zunächst

a) Vorsatz voraus. Dieser braucht sich nicht auf die konkrete Vortat zu beziehen. Daher genügt, wenn der Täter damit rechnet und billigt, dass die Beute aus irgendeiner gegen fremdes Vermögen gerichteten rechtswidrigen Tat stammt. Daneben ist

b) die **Absicht** erforderlich, **sich oder einen Dritten zu bereichern**. Unter Bereicherung ist das Gleiche wie beim Betrug zu verstehen.

Beispiel: Der Ankauf von Diebesgut zum üblichen Marktpreis führt nicht zu einer Bereicherung des Erwerbers.

Anders als bei den §§ 253, 263 braucht die Bereicherung jedoch nicht rechtswidrig und stoffgleich zu sein. Als Dritter kann nach dem Wortlaut und Schutzzweck nicht der Vortäter angesehen werden, sondern nur eine weitere Person.

II. Für **Rechtswidrigkeit** und

III. Schuld gelten keine Besonderheiten.

IV. Für das **Strafantragserfordernis** gemäß Abs. 2 gelten die Ausführungen zu den §§ 247, 248 a.

Check: Anschlussdelikte

1. Stellt die Überlassung der Beute durch den Dieb an einen Dritten zur Veräußerung Hehlerei oder eine Teilnahme daran dar?

1. Nein! Da es sich bei der Vortat um die eines anderen handeln muss, ist der Vortäter nicht tauglicher Hehler. Auch eine Teilnahme scheidet nach deren Strafgrund, der Förderungstheorie, aus, da das durch den Diebstahl verletzte Eigentum des Bestohlenen gegen weitere Angriffe des Diebes nicht mehr geschützt ist.

2. Was bedeutet „Sichverschaffen" bei § 259?

2. Sichverschaffen setzt die Erlangung eigener Verfügungsgewalt vom Vortäter mit dessen Einvernehmen voraus, um im eigenen Interesse über die Beute verfügen zu können.

3. Was bedeutet „die Sache einem Dritten zu verschaffen" bei § 259?

3. Das ist die Übertragung der Verfügungsgewalt über die Sache auf den Dritten in dessen Interesse und mit Einvernehmen des Vortäters.

4. Was bedeutet „Absetzen" bei § 259?

4. Absetzen ist die selbstständige wirtschaftliche Verwertung der Sache im Interesse des Vortäters.

5. Was ist der Unterschied von Absatzhilfe und Beihilfe zur Hehlerei?

5. Wer einem Hehler Hilfe leistet, wird wegen Beihilfe zur Hehlerei bestraft. Absatzhilfe ist dagegen die unselbstständige Unterstützung des Vortäters bei seinen Absatzbemühungen in dessen Interesse.

6. Setzen Absetzen und Absatzhilfe den Absatz der Beute voraus?

6. Das ist streitig! Nach einer Ansicht genügt ein auf den Absatz gerichtetes und dazu tatsächlich geeignetes Handeln. Nach h.Lit. und Rspr. folgt aus Wortlaut, Strafgrund und Systematik jedoch für das Absetzen das Erfordernis eines Absatzerfolges, da sonst nur ein Versuch gemäß Abs. 3 vorliege. Ob dies auch für die Absatzhilfe gilt, ist in der Rspr. noch ungeklärt.

4. Teil: Straftaten gegen allgemeine Interessen

Von den zahlreichen Straftatbeständen zum Schutze allgemeiner Interessen sind für die Zwischenprüfung vor allem Fälschungsdelikte und gemeingefährliche Straftaten von Bedeutung.

1. Abschnitt: Fälschungsdelikte

Fälschungsdelikte finden sich nicht nur im 23. Abschnitt des StGB mit der Urkundenfälschung und verwandten Tatbeständen, sondern auch im 8. Abschnitt mit der Geld- und Wertzeichenfälschung. Hierbei handelt es sich um Spezialtatbestände zum Schutz der Sicherheit des Zahlungsverkehrs, hinter denen die Urkundenfälschung ggf. zurücktritt. Für die Zwischenprüfung sind nur die Urkundenfälschung gemäß § 267 und die Urkundenunterdrückung gemäß § 274 von Bedeutung.

Einem besonderen strafrechtlichen Schutz unterliegen amtliche Ausweise gemäß §§ 273, 275, 276 und 281 sowie Gesundheitszeugnisse gemäß §§ 277, 278, 279. Darüber hinaus ist zu beachten, dass die meisten Fälschungsdelikte nur die Echtheit von Urkunden schützen, also dass sie von demjenigen herrühren, von dem sie auch herzurühren scheinen. Dafür ist die inhaltliche Richtigkeit nicht ohne Weiteres von Bedeutung. Straftatbestände zum Schutz der inhaltlichen Richtigkeit kennt das Gesetz nur für öffentliche Urkunden in den §§ 348 und 271 und ärztliche Gesundheitszeugnisse in § 278, da diesen im Rechtsverkehr eine besondere Beweiskraft zukommt.

Der Tatbestand der Fälschung technischer Aufzeichnungen gemäß § 268 trägt dem Umstand Rechnung, dass beweiserhebliche Informationen auch durch technische Geräte automatisiert erstellt werden und schützt die Authentizität des technischen Herstellungsvorgangs auch vor Eingriffen in den Aufzeichnungsvorgang. Im Übrigen entspricht die Tatbestandsstruktur der des § 267.

Der Tatbestand der Fälschung beweiserheblicher Daten gemäß § 269 ist notwendig, weil der Urkundsbegriff die visuelle Erkennbarkeit ihres Inhalts voraussetzt und beweiserhebliche Informationen heute auch elektronisch, magnetisch oder sonst in nicht unmittelbar wahrnehmbarer Form (vgl. § 202 a Abs. 2) gespeichert werden. Ansonsten entspricht auch dieser Tatbestand dem des § 267.

Für die subjektive Voraussetzung der Täuschung im Rechtsverkehr ist bei den §§ 268 und 269 der § 270 zu beachten!

! *Das Verfälschen einer Urkunde gemäß § 267 Abs. 1 Var. 2 erfüllt häufig auch den Tatbestand der Urkundenunterdrückung gemäß § 274 Abs. 1 Nr. 1 und der Sachbeschädigung gemäß § 303 Abs. 1. Letztere wird ggf. wegen Gesetzeskonkurrenz verdrängt, während §§ 267 und 274 nach h.M. tateinheitlich gemäß § 52 konkurrieren.*

A. Urkundenfälschung gemäß § 267

Der Tatbestand der Urkundenfälschung schützt die Sicherheit des Beweises im Rechtsverkehr. § 267 Abs. 1 enthält den Grundtatbestand, dessen Versuch gemäß Abs. 2 mit Strafe bedroht ist. Abs. 3 enthält eine Reihe von Regelbeispielen für besonders schwere Fälle, während Abs. 4 für das Zusammentreffen von gewerbsmäßiger und bandenmäßiger Begehung einen eigenen Verbrechenstatbestand enthält. Dessen Aufbau und Auslegung folgt den zu den §§ 242, 244 a dargestellten Regeln.

! *Das nachstehende Aufbauschema fasst die drei Varianten der Urkundenfälschung zusammen. In der Falllösung wird in der Regel jede Variante gesondert zu prüfen sein.*

Aufbauschema: Urkundenfälschung gemäß § 267 Abs. 1

I. Tatbestand
- **1. Objektiv**
  - **a) Var. 1**
    - **aa)** Unechte Urkunde
    - **bb)** Hergestellt
  - **b) Var. 2**
    - **aa)** Echte Urkunde
    - **bb)** Verfälscht
  - **c) Var. 3**
    - **aa)** Unechte oder verfälschte Urkunde
    - **bb)** Gebraucht
- **2. Subjektiv**
  - **a)** Vorsatz
  - **b)** Handeln zur Täuschung im Rechtsverkehr

II. Rechtswidrigkeit

III. Schuld

IV. Strafschärfung gemäß **Abs. 3 S. 2**

Häufig folgt der Fälschung oder Verfälschung einer Urkunde auch ihr Gebrauch. Handelt es sich dabei um die Realisierung der bei der Fälschung verfolgten Absichten, so stellen beide tatbestandsmäßigen Handlungen nur ein einheitliches Urkundsdelikt dar, eine sogenannte tatbestandliche Bewertungseinheit. Daher entsteht kein

Konkurrenzproblem, da es sich um dieselbe Gesetzesverletzung handelt. Trifft der Gebrauch mit einer Betrugshandlung zusammen, begründet dies Tateinheit von Betrug und dem gesamten Urkundsdelikt. Gebraucht der Täter die unechte Urkunde anders als bei der Fälschung beabsichtigt, liegen im Regelfall zwei tatmehrheitlich konkurrierende Urkundsdelikte vor.

I. Der **Tatbestand** setzt

1. objektiv

a) in der **ersten Variante** zunächst

aa) als Tatergebnis eine unechte Urkunde voraus. **Urkunde** ist jede verkörperte menschliche Gedankenerklärung, die zum Beweis rechtlich erheblicher Tatsachen bestimmt und geeignet ist und einen Aussteller erkennen lässt.

Darin stecken drei Funktionen, die erfüllt sein müssen: Perpetuierungsfunktion, Beweisfunktion und Garantiefunktion.

Das Erfordernis der **menschlichen Gedankenerklärung** grenzt die Urkunde von technischen Aufzeichnungen gemäß § 268 ab sowie von den Augenscheinsobjekten, die zwar rechtlich erhebliche Schlüsse zulassen, sie aber nicht selbst verkörpern. Die **Verkörperung** setzt eine dauerhafte stoffliche Fixierung voraus, die den Inhalt der Erklärung visuell wahrnehmbar macht. Dies unterscheidet die Urkunde von Daten gemäß § 269. Es genügt, wenn die Erklärung für Eingeweihte verständlich ist. Da die Erklärung nicht schriftlich verkörpert zu sein braucht, können auch sogenannte Beweiszeichen Urkunden sein.

Beispiel: Ohrmarken bei Tieren, Stempel des Fleischbeschauers; anders, wenn es sich um bloße Kennzeichen zur Unterscheidung von Sachen handelt, z.B. Garderobenmarken oder die Kennzeichnung von Wanderwegen.

Die **Beweisbestimmung** ist eine Frage der subjektiven Zwecksetzung, die **Beweiseignung** ist abhängig von der objektiven Tauglichkeit zum Nachweis von Tatsachen. Diese müssen rechtlich erheblich sein.

Begrifflich unterscheidet man insoweit Absichtsurkunden und Zufallsurkunden; rechtlich ist das unerheblich.

Beispiel: Der bloße Entwurf eines Grundstückskaufvertrages hat noch keine Beweisbestimmung, abgelaufene Pässe haben diese bereits verloren. Eine zu Kopierzwecken erstellte Collage von Textausschnitten hat keine Beweiseignung.

Aussteller einer Urkunde ist, wer für die Erklärung einsteht, weil sie von ihm herrührt oder weil er sie sich zu eigen macht. Der Aussteller muss sich aus der Urkunde selbst ergeben. Daran fehlt es bei offener Anonymität, aber auch bei versteckter Anonymität, etwa der Zeichnung mit dem Namen „Max Mustermann“.

Beispiele: Kopien beweiserheblicher Urkunden sind nach h.M. keine Urkunden, solange sie als solche erkennbar sind, da niemand für die Übereinstimmung mit dem Original einsteht. Sind sie dagegen geeignet, im Rechtsverkehr als Original zu erscheinen und auch zu diesem Zweck erstellt worden, so handelt es sich um Urkunden. Bei beglaubigten Kopien stellt der Beglaubigungsvermerk, mit dem die Übereinstimmung mit dem Original bescheinigt wird, jedoch eine Urkunde dar.

Ähnliches gilt für Telefaxe: Handelt es sich für den Empfänger erkennbar um das Duplikat eines Originals, so handelt es sich – wie bei Fotokopien – nicht um eine Urkunde. Stellt das Fax jedoch offensichtlich das Original dar, wie z.B. bei per Fax versandten Schriftsätzen im Prozess, so handelt es sich um Urkunden.

Sonderfälle:

Zusammengesetzte Urkunde

Als besondere Fälle sind die zusammengesetzte Urkunde und die Gesamturkunde anerkannt. Als **zusammengesetzte Urkunde** bezeichnet man die feste Verbindung eines Erklärungsträgers mit einem Bezugsobjekt. Eine Fälschung kann hier durch Auswechseln des Bezugsobjekts begangen werden.

Beispiel: Aufgeklebtes Preisschild, angeschraubtes Kfz-Kennzeichen

Gesamturkunde

Eine **Gesamturkunde** ist eine feste Zusammenfassung mehrerer Einzelurkunden mit einem über den Inhalt der Einzelurkunden hinausgehenden Gesamterklärungswert.

Beispiel: Personalakten

Die Besonderheit liegt hier darin, dass die Unterdrückung einzelner Teile als Verfälschung der Gesamterklärung anzusehen und daher statt einer Urkundenunterdrückung gemäß § 274 eine Urkundenverfälschung gemäß § 267 vorliegen kann.

Das ist nicht von der inhaltlichen Richtigkeit abhängig. Eine unrichtige, aber echte Urkunde ist nur eine „schriftliche Lüge".

Die Urkunde ist **unecht**, wenn sie nicht von demjenigen herrührt, von dem sie herzurühren scheint. Eine Urkundenfälschung setzt also stets eine Täuschung über die Person des Ausstellers voraus! Dabei muss die straflose Namenstäuschung von der strafbaren Identitätstäuschung unterschieden werden.

Beispiel: Die Unterschrift mit einem Künstlernamen ist keine Identitätstäuschung.

Entscheidend ist, ob der scheinbare Aussteller für die Erklärung einstehen will oder muss. Eine unter fremdem Namen verfasste Urkunde ist daher echt, wenn der Handelnde den Namensträger vertreten wollte und durfte.

Beispiel: Ausstellen einer Quittung unter dem Namen des Leistungsempfängers in dessen Auftrag.

Gegenbeispiel: Die Anfertigung von Aufsichtsarbeiten unter fremdem Namen ist Urkundenfälschung, da eine Stellvertretung unzulässig ist.

Beim Handeln in fremdem Namen (offener Stellvertretung) führt das Fehlen von Vertretungsmacht nach der Rspr. nur dann zu einer unechten Urkunde, wenn als Aussteller eine vertretene Behörde, Firma o.Ä. erscheint, der die Erklärung wegen fehlender Vertretungsmacht nicht zuzurechnen ist. Bei Stellvertretung von Einzelpersonen erscheint dagegen der Vertreter als Aussteller, sodass die unwahre Angabe von Vertretungsmacht lediglich eine schriftliche Lüge darstellt.

bb) Das **Herstellen** erfasst jede zurechenbare Veranlassung ihrer Entstehung. Dabei kann auch die Veranlassung des Zeichnens einer Urkunde durch den Namensträger selbst ein Herstellen in mittelbarer Täterschaft sein, wenn diesem die Vorstellung fehlt, etwas rechtlich Erhebliches zu erklären, oder wenn er durch schwerwiegende Drohungen oder vis absoluta zur Zeichnung der Erklärung gezwungen wird.

Herstellen einer unechten Urkunde in mittelbarer Täterschaft durch den Namensträger.

Beispiel: Das Erschleichen der Unterschrift unter einem Vertrag unter Vorspiegelung, es handele sich um ein Autogramm.

b) Die **zweite Variante** setzt

aa) als Tatobjekt eine **echte Urkunde** voraus.

bb) Das **Verfälschen** erfasst jede Änderung der Beweisrichtung, sei es durch Manipulation des Erklärungsinhalts, sei es durch Änderung der Ausstellerangabe.

Dabei stellt sich die Frage, ob auch die nachträgliche Änderung einer Urkunde durch ihren ursprünglichen Aussteller den Tatbestand erfüllt, weil die Urkunde hierdurch ja nicht unecht wird. Rspr. und h.Lit. sehen auch diesen Fall als Verfälschen an, weil man die Verfälschung durch einen Dritten sonst ja auch unter die erste Variante des Tatbestandes fassen könnte und daher die zweite Variante gerade diesen Fall regele. Voraussetzung sei jedoch, dass der Aussteller seine Änderungsbefugnis bereits verloren hat, weil Dritte an der Urkunde bereits ein rechtlich geschütztes Beweisführungsinteresse erlangt haben.

Nach a.A. kann dieser Fall allenfalls von § 274 erfasst werden.

Beispiel: Das Nachbessern einer Aufsichtsarbeit nach der Abgabe

c) Die **dritte Variante** setzt

aa) als Tatobjekt eine **unechte oder verfälschte Urkunde** im Sinne der beiden ersten Varianten voraus.

bb) Tathandlung ist das **Gebrauchen**. Das setzt voraus, dem zu Täuschenden die Urkunde so zugänglich zu machen, dass er die Möglichkeit erhält, von ihrem Inhalt Kenntnis zu nehmen.

Auf die tatsächliche Kenntnisnahme kommt es also nicht an.

Entscheidend ist dabei, dass die Verkennung der Umstände, die für das Vorliegen einer Urkunde maßgeblich sind, einen Tatbestandsirrtum gemäß § 16 bzw. einen Tatentschluss gemäß § 22 begründen, während die Verkennung der rechtlichen Voraussetzungen für das Vorliegen einer Urkunde nur einen Verbotsirrtum gemäß § 17 bzw. ein Wahndelikt begründen.

2. Der **subjektive** Tatbestand setzt zunächst

a) Vorsatz voraus. Hierbei sind in Klausuren Irrtumsprobleme sehr beliebt, da der Urkundsbegriff stark normativ geprägt ist.

Beispiel: Wer aus Schriftstücken seines Steuerberaters durch Zuschneiden und Kopieren eine „Einkommensbescheinigung" herstellt, um bei seinem Vermieter solvent zu erscheinen, stellt objektiv keine Urkunde her, wenn die Kopie als solche zu erkennen ist. Die irrige Annahme, hierdurch eine Urkunde zu fälschen, begründet wegen der Verkennung der rechtlichen Voraussetzungen keinen untauglichen Versuch, sondern ein Wahndelikt.

b) Weitere Voraussetzung ist ein **Handeln zur Täuschung im Rechtsverkehr**. Das heißt, den Adressaten durch Täuschung über die Unechtheit zu einem rechtlich erheblichen Verhalten veranlassen zu wollen. Dabei genügt, wenn der Täter dies sicher voraussieht. Ein zielgerichtetes Handeln ist also nicht erforderlich.

II. Für **Rechtswidrigkeit** und

III. Schuld gelten die allgemeinen Regeln.

IV. Bei den **Regelbeispielen** finden sich im Wesentlichen Voraussetzungen, die bereits bei §§ 240 Abs. 4, 243 und 263 Abs. 3 erläutert wurden.

B. Urkundenunterdrückung gemäß § 274

Der Tatbestand der Urkundenunterdrückung schützt fremde Beweisführungsinteressen an Urkunden, Daten und Grenzzeichen. Gemäß Abs. 2 ist auch der Versuch mit Strafe bedroht.

Aufbauschema: Urkundenunterdrückung, § 274 Abs. 1 Nr. 1

I. Tatbestand
- **1. Objektiv**
  - **a)** Echte Urkunde oder technische Aufzeichnung
  - **b)** Die dem Täter nicht oder nicht ausschließlich gehört
  - **c)** Unterdrückt, insbesondere vernichtet oder beschädigt
- **2. Subjektiv**
  - **a)** Vorsatz
  - **b)** Absicht, einem anderen Nachteil zuzufügen

II. Rechtswidrigkeit

III. Schuld

I. Der **Tatbestand** erfasst

1. objektiv

a) als Tatobjekte **Urkunden** und **technische Aufzeichnungen** gemäß §§ 267, 268. Diese müssen echt sein, da an unechten Urkunden kein rechtlich geschütztes Beweisinteresse bestehen kann.

b) Diese dürfen dem Täter **nicht oder nicht ausschließlich gehören**. Das ist nicht im Sinne fremden Eigentums zu verstehen, sondern dahingehend, dass ein anderer ein rechtlich geschütztes Beweisführungsinteresse an der Urkunde bzw. der Aufzeichnung haben muss.

c) Die Tathandlung des **Unterdrückens** erfasst jede Beeinträchtigung des fremden Beweisführungsinteresses. Das **Vernichten** oder **Beschädigen** sind nur beispielhaft aufgezählte Unterfälle des Unterdrückens und setzen deshalb ebenfalls eine Beeinträchtigung des Beweisführungsinteresses voraus. Im Fall einer Garantenstellung gemäß § 13 kann auch das Unterlassen tatbestandsmäßig sein.

Eine Beschädigung ohne Beeinträchtigung des Beweiswertes fällt allenfalls unter § 303.

2. Der **subjektive** Tatbestand setzt neben

a) Vorsatz die

b) Absicht voraus, einem anderen Nachteil zuzufügen. **Anderer** muss nicht der Beweisführungsberechtigte sein. **Nachteil** kann ein immaterieller oder ein materieller Nachteil sein, sofern er sich gerade aus der Unterdrückung der Urkunde ergeben soll. Kein Nachteil in diesem Sinne ist eine bloße Beeinträchtigung der Rechtspflege, da die Allgemeinheit als Träger dieses Interesses kein „anderer" in diesem Sinne ist.

Der in der Vernichtung oder Beschädigung liegende Nachteil selbst erfüllt den Tatbestand also nicht.

Unter **Absicht** ist hier nicht nur zielgerichtetes Handeln zu verstehen, sondern auch sicheres Wissen.

Beispiel: Gibt ein RA die ihm zur Einsicht überlassene Strafakte nicht zurück, so liegt darin zwar eine Garantenpflichtverletzung und eine Beeinträchtigung des Beweisführungsinteresses der Strafverfolgungsbehörden. Die Beeinträchtigung der Rechtspflege ist jedoch kein Nachteil gemäß § 274. Ist jedoch an dem Verfahren ein Nebenkläger beteiligt, kann das sichere Wissen, diesem einen Nachteil zuzufügen, den Tatbestand erfüllen.

II. Für **Rechtswidrigkeit** und

III. Schuld gelten die allgemeinen Regeln.

Check: Fälschungsdelikte

1. Was ist eine Urkunde gemäß § 267?	**1.** Urkunde ist jede verkörperte menschliche Gedankenerklärung, die zum Beweis im Rechtsverkehr bestimmt und geeignet ist und den Aussteller erkennen lässt.
2. Wann ist eine Urkunde unecht?	**2.** Eine Urkunde ist unecht, wenn sie nicht von demjenigen Aussteller herrührt, von dem sie herzurühren scheint.
3. Was heißt, eine Urkunde zu verfälschen?	**3.** Das Verfälschen erfasst jede Änderung der Beweisrichtung einer Urkunde. Umstritten ist jedoch, ob dies auch ihre Unechtheit voraussetzt.
4. Was bedeutet, eine Urkunde zu gebrauchen?	**4.** Eine Urkunde gebraucht, wer sie dem zu Täuschenden so zugänglich macht, dass er ihren Inhalt zur Kenntnis nehmen kann.
5. Was heißt „zur Täuschung im Rechtsverkehr" in § 267?	**5.** Zur Täuschung im Rechtsverkehr handelt, wer jemanden durch Täuschung über die Unechtheit der Urkunde zu einem rechtlich erheblichen Verhalten veranlassen will.
6. Was bedeutet „gehören" in § 274?	**6.** „Gehören" bedeutet, ein rechtlich geschütztes Beweisführungsinteresse zu haben.
7. Was bedeutet, eine Urkunde zu unterdrücken?	**7.** Eine Urkunde unterdrückt, wer das fremde Beweisführungsinteresse an der Urkunde beeinträchtigt.
8. Was heißt bei § 274 „Absicht, einem anderen Nachteil zuzufügen"?	**8.** Anderer kann jeder, nicht nur der Beweisführungsberechtigte sein. Nachteil kann ein materieller oder immaterieller sein, der aus der Urkundenunterdrückung folgt. Der Absichtsbegriff erfasst hier auch sicheres Wissen.

2. Abschnitt: Verkehrsdelikte

Der 28. Abschnitt regelt mit den gemeingefährlichen Straftaten unterschiedlichste Delikte, deren Begehung sich nicht notwendig gegen allgemeine Interessen oder eine Mehrzahl von Rechtsgütern richten muss. Wichtig sind hier die Verkehrsdelikte, die Brandstiftungsdelikte und die unterlassene Hilfeleistung gemäß § 323 c.

So stellt § 316 a einen Spezialtatbestand der §§ 249 ff. dar.

Die in Klausurfällen häufigsten gemeingefährlichen Straftaten sind die Verkehrsdelikte der §§ 315 b, 315 c, 316.

Die §§ 315 und 315 a schützen den Bahn-, Schiffs- und Luftverkehr, während die §§ 315 b und 315 c die Sicherheit des Straßenverkehrs schützen. § 316 gilt demgegenüber für alle Arten von Verkehr.

Der Tatbestand des **gefährlichen Eingriffs in den Straßenverkehr** gemäß **§ 315 b** erfasst die Verhaltensweisen, die von außen auf den Straßenverkehr einwirken.

Ausnahmsweise kann aber auch die Teilnahme am Straßenverkehr unter § 315 b fallen, wenn der Täter den Verkehrsvorgang mit Schädigungsvorsatz und in verkehrsfeindlicher Absicht „pervertiert" (sogenannter verkehrsfremder Inneneingriff, z.B. Zweckentfremdung des Fahrzeugs als Angriffsmittel).

Beispiel: Das Durchschneiden von Bremsschläuchen an einem Fahrzeug, das Werfen von Steinen von einer Brücke auf die Straße.

Der Tatbestand der **Gefährdung des Straßenverkehrs** gemäß **§ 315 c** regelt demgegenüber abschließend die Strafbarkeit des Fehlverhaltens von Fahrzeugführern bei der Teilnahme am Straßenverkehr.

!

Aufgrund dieses Verhältnisses sollte man, soweit dies in Betracht kommt, § 315 c vor § 315 b prüfen!

Beide Delikte sind als sogenannte konkrete Gefährdungsdelikte ausgestaltet; strafbar ist also nur derjenige, der durch sein Verhalten auch Leib oder Leben anderer Personen oder fremde Sachen von bedeutendem Wert konkret gefährdet hat.

Das wichtigste Fehlverhalten ist das Führen eines Fahrzeugs trotz alkoholbedingter Fahruntauglichkeit. Ist es dabei nicht zu einer unfallträchtigen Situation oder zu einem Unfall gekommen, so kann ein Fall der **Trunkenheit im Verkehr** gemäß **§ 316** vorliegen, die sowohl bei Vorsatz als auch bei Fahrlässigkeit strafbar ist.

Hat die Trunkenheit des Fahrzeugführers einen Grad erreicht, der die schuldhafte Begehung der §§ 315 c Abs. 1 Nr. 1 a) oder 316 ausschließt (in der Regel ab 3‰), so ist eine Strafbarkeit wegen Vollrausches gemäß § 323 a in Betracht zu ziehen.

Die Grundsätze der a.l.i.c. sind nach st. Rspr. und h.M. auf Verkehrsdelikte nicht anwendbar.

Darüber hinaus steht typischerweise mit Verkehrsdelikten eine Strafbarkeit wegen unerlaubten Entfernens vom Unfallort gemäß § 142 im Zusammenhang. Dieses stellt zwar keine gemeingefährliche Straftat dar, wird aber wegen des Sachzusammenhangs in diesem Abschnitt dargestellt.

A. Gefährdung des Straßenverkehrs gemäß § 315 c

§ 315 c Abs. 1 erfasst die vorsätzliche Begehung sowohl in Bezug auf den Fahrfehler als auch hinsichtlich der konkreten Gefährdung. Hier ist gemäß Abs. 2 im Fall der Nr. 1 auch der Versuch mit Strafe bedroht.

Dieser Fall ist eine echte Vorsatz/Fahrlässigkeitskombination.

§ 315 c Abs. 3 Nr. 1 stellt Vorsatz bezüglich des Fehlverhaltens und Fahrlässigkeit bezüglich der Herbeiführung der konkreten Gefahr unter Strafe. Gemäß § 11 Abs. 2 gilt auch diese Tat als Vorsatztat, sodass Teilnahme gemäß §§ 26, 27 möglich ist.

§ 315 c Abs. 3 Nr. 2 erfasst die Fälle, in denen der Täter sowohl hinsichtlich des Fehlverhaltens als auch hinsichtlich der konkreten Gefährdung „nur" fahrlässig gehandelt hat.

Aufbauschema: § 315 c Abs. 1 Nr. 1

I. Tatbestand
- **1. Objektiv**
  - **a)** Tathandlung
    - **aa)** Führen eines Fahrzeugs im Straßenverkehr
    - **bb)** Trotz Fahruntauglichkeit des Fahrzeugführers
      - **(1) Nr. 1 a):** Infolge des Genusses alkoholischer Getränke oder anderer berauschender Mittel
      - **(2) Nr. 1 b):** Infolge geistiger/körperlicher Mängel
  - **b)** Konkrete Gefährdung
    - **aa)** Von Leib oder Leben eines anderen Menschen
    - **bb)** Von fremden Sachen von bedeutendem Wert
  - **c)** Kausalzusammenhang und tatbestandsspezifischer Gefahrzusammenhang zwischen Fahruntüchtigkeit und Gefahrerfolg
- **2. Subjektiv:** Vorsatz

II. Rechtswidrigkeit

III. Schuld

Das vorstehende Aufbauschema stellt die Prüfung der vorsätzlichen Verwirklichung des Abs. 1 Nr. 1 dar. Bei der Prüfung des Abs. 3 Nr. 2 entfällt der subjektive Tatbestand. Stattdessen ist die Fahrlässigkeit der Handlung einzufügen. Bei der Vorsatz/Fahrlässigkeitskombination des Abs. 3 Nr. 1 muss zunächst die vorsätzliche Tathandlung, danach die fahrlässige Verursachung der Gefährdung geprüft werden.

!

Kommt eine der „sieben Todsünden" gemäß Nr. 2 in Betracht, ist diese statt Nr. 1 zu prüfen.

I. Der **Tatbestand** setzt

1. objektiv

a) als **Tathandlung**

aa) das Führen eines Fahrzeugs im Straßenverkehr voraus. **Fahrzeug** ist nicht nur ein Kraftfahrzeug, sondern jedes Fortbewegungsmittel im Straßenverkehr (insbesondere Fahrräder) mit Ausnahme der in § 24 StVO genannten. Ein Fahrzeug **führt**, wer es in Bewegung setzt oder hält und dabei auch nur einzelne der für die gezielte Fortbewegung des Fahrzeugs erforderlichen technischen Funktionen ausübt. Daher handelt es sich um ein eigenhändiges Delikt! Mit **Straßenverkehr** ist der faktisch öffentliche Straßenverkehr gemeint, also ein Bereich, der allgemein für jedermann zum Verkehr zugänglich ist (also auch eine Privatstraße oder ein öffentliches Parkhaus).

§§ 315 c, 316 sind nicht auf Kfz begrenzt! Ob es sich um ein Kraftfahrzeug handelt, ist nur für die Rechtsfolgen gemäß §§ 69, 69 a von Bedeutung.

bb) Der Fahrzeugführer muss **fahruntauglich** gewesen sein. Bei **alkoholbedingter** Fahruntauglichkeit ist zwischen absoluter und relativer zu unterscheiden:

Absolute Fahruntauglichkeit liegt vor, wenn der Fahrzeugführer im Tatzeitpunkt soviel Alkohol zu sich genommen hatte, dass eine Blutalkoholkonzentration von mindestens 1,1‰ (bei Kraftfahrzeugführern) bzw. 1,6‰ (bei Fahrradfahrern) erreicht werden konnte oder bereits erreicht worden war.

Bei einer solchen Alkoholisierung wird die Fahruntauglichkeit unwiderlegbar vermutet.

Relative Fahruntauglichkeit ist bei einem Alkoholisierungsgrad von mindestens 0,3‰ gegeben, sofern zusätzliche alkoholbedingte Ausfallerscheinungen oder die Fahrweise des Fahrzeugführers hierauf schließen lassen.

Körperliche Mängel als Grund für Fahruntauglichkeit können z.B. Körperbehinderungen oder Übermüdung sein.

Hierdurch unterscheidet sich § 315 c von § 316, der die von der Fahruntauglichkeit ausgehenden abstrakten Gefahren bereits erfasst.

b) Der Gefährdungserfolg setzt eine **konkrete Gefahr** voraus. Das ist der Fall, wenn weder der Verursacher noch der Gefährdete das Geschehen noch in der Hand haben, sodass das Ausbleiben oder der Eintritt einer Rechtsgutverletzung nur noch vom Zufall abhing.

aa) Bei dem **anderen Menschen** kann es sich auch um den Mitfahrer handeln. Teilnehmer der Trunkenheitsfahrt können nach h.M. jedoch nicht Gefährdungsopfer sein.

bb) Fremd ist eine Sache, wenn sie in fremdem Eigentum steht. Lediglich das vom Täter geführte Fahrzeug scheidet nach h.M. als Tatobjekt aus, selbst wenn es in fremdem Eigentum steht. **Von bedeutendem Wert** ist eine Sache nach h.M., wenn ihr konkret eine Wertminderung von mehr als 750 € droht. Entscheidend ist also nicht der tatsächlich eingetretene Schaden, sondern ob ein Schaden in dieser Höhe konkret drohte.

c) Der Verkehrsverstoß muss ursächlich für den Gefährdungserfolg gewesen sein und sich darin das spezifische Risiko des jeweiligen Verkehrsverstoßes realisiert haben. Das ist bei Abs. 1 Nr. 1 a) nicht der Fall, wenn es zu der Gefahrenlage auch unabhängig von der Fahruntauglichkeit des Fahrzeugführers gekommen wäre.

2. Der subjektive Tatbestand setzt gemäß § 15 **Vorsatz** voraus. Dieser muss sich auch auf die alkoholbedingte Fahruntauglichkeit beziehen. Das lässt sich nicht allein mit der Höhe der BAK oder der Menge des konsumierten Alkohols begründen!

Nach a.A. kommt eine Einwilligung in Betracht, sodass eine Strafbarkeit gemäß § 316 verbleibt.

II. Rechtfertigungsgründe kommen praktisch nicht in Betracht. Problematisch ist allein, ob die gefährdete Person eine rechtfertigende Einwilligung erteilen kann. Nach Rspr. und h.Lit. scheidet dies aus, weil der Gefährdete nicht über den Schutz des allgemeinen Interesses an der Verkehrssicherheit verfügen kann.

III. Bei der **Schuld** ist – je nach Grad der Alkoholisierung – an einen Fall alkoholbedingter Schuldunfähigkeit gemäß § 20 zu denken. Da die Regeln der a.l.i.c. auf Verkehrsstraftaten nach Rspr. und h.Lit. nicht anwendbar sind, muss ggf. Vollrausch gemäß § 323 a i.V.m. § 315 c geprüft werden.

B. Trunkenheit im Verkehr gemäß § 316

Der Tatbestand des § 316 ist in den Voraussetzungen des § 315 c Abs. 1 Nr. 1 a) enthalten und tritt ggf. hinter diesem formell subsidiär zurück.

C. Gefährlicher Eingriff in den Straßenverkehr gemäß § 315 b

§ 315 b Abs. 1 erfasst die Vorsatztat sowohl in Bezug auf den Eingriff als auch hinsichtlich der konkreten Gefährdung. Hier ist gemäß Abs. 2 auch der Versuch mit Strafe bedroht. § 315 b Abs. 4 erfasst den Fall des vorsätzlichen Eingriffs und fahrlässiger Herbeiführung der konkreten Gefahr. Gemäß § 11 Abs. 2 gilt auch diese Tat als Vorsatztat, sodass Teilnahme gemäß §§ 26, 27 möglich ist. § 315 b Abs. 5 erfasst die Fälle, in denen der Täter sowohl hinsichtlich des Eingriffs als auch hinsichtlich der konkreten Gefährdung „nur" fahrlässig gehandelt hat.
§ 315 b Abs. 3 enthält für den Fall der Voraussetzungen des § 315 Abs. 3 eine eigenständige Verbrechensqualifikation des Abs. 1.

Aufbauschema: § 315 b Abs. 1

I. Tatbestand

1. Objektiv

a) Tathandlung gemäß Abs. 1

aa) **Nr. 1:** Zerstören, Beschädigen oder Beseitigen von Anlagen oder Fahrzeugen

bb) **Nr. 2:** Bereiten von Hindernissen

cc) **Nr. 3:** Ebenso gefährlicher Eingriff

b) Beeinträchtigung der Sicherheit des Straßenverkehrs

c) Konkrete Gefährdung

aa) Von Leib oder Leben eines anderen Menschen

bb) Von fremden Sachen von bedeutendem Wert

d) Kausalzusammenhang und tatbestandsspezifischer Gefahrzusammenhang zwischen Eingriff und Gefahrerfolg

2. Subjektiv: Vorsatz

II. Rechtswidrigkeit

III. Schuld

!

Das vorstehende Aufbauschema stellt die Prüfung der vorsätzlichen Verwirklichung des Abs. 1 dar. Bei der Prüfung des Abs. 5 entfällt der subjektive Tatbestand. Stattdessen ist die Fahrlässigkeit der Handlung einzufügen. Bei der Vorsatz/Fahrlässigkeitskombination des Abs. 4

muss zunächst die vorsätzliche Tathandlung, danach die fahrlässige Verursachung der Gefährdung geprüft werden.

I. Der **Tatbestand** setzt

1. objektiv

a) als **Tathandlung** stets einen Eingriff von außen in den Straßenverkehr voraus. Ein Verhalten bei der Teilnahme am Straßenverkehr kann daher nur ausnahmsweise unter § 315 b fallen, und zwar unter der Voraussetzung, dass es sich

Man spricht hier von einem „verkehrsfremden Inneneingriff".

- objektiv um eine grobe Einwirkung von einigem Gewicht handelt, die
- subjektiv in verkehrsfeindlicher Absicht vorgenommen wurde und
- von einem wenigstens bedingten Schädigungsvorsatz getragen war.

Beispiel: Zufahren auf einen Halt gebietenden Polizeibeamten bei einer Verkehrskontrolle mit bedingtem Verletzungsvorsatz, um nicht angehalten zu werden.

Im Einzelnen genannt sind

aa) das **Zerstören, Beschädigen oder Beseitigen von Anlagen oder Fahrzeugen**,

Beispiel: Durchtrennen von Bremsleitungen an Fahrzeugen

bb) das **Bereiten von Hindernissen**,

Beispiel: Die Einrichtung einer Straßensperre

cc) und der **ähnliche ebenso gefährliche Eingriff** als Generalklausel. Dieser muss den anderen genannten Verhaltensweisen hinsichtlich des Gefahrenpotenzials vergleichbar sein.

b) Dies muss zunächst zu einer generellen **Gefährdung der Sicherheit des Straßenverkehrs** geführt haben. Damit ist der tatsächlich öffentliche Straßenverkehr gemeint, wie auch in § 315 c.

§ 315 b ist also ein mehrfach gestuftes Erfolgsdelikt.

c) Dies muss zu einer **konkreten Gefährdung** der genannten Rechtsgüter geführt haben. Problematisch sind dabei Fälle, in denen die Handlung unmittelbar zum Eintritt einer Gefahrenlage geführt hat, da eine vorsätzliche Sachbeschädigung, Körperverletzung oder Tötung im äußeren Rahmen des Straßenverkehrs noch kein Verkehrsdelikt darstellt. Nach der Rspr. ist der Tatbestand jedoch auch in diesen Fällen erfüllt, wenn die konkrete Gefahr sich als Realisierung eines typischen Verkehrsrisikos darstellt.

d) Der Eingriff muss hierfür **ursächlich** gewesen sein und die Gefährdung eine Realisierung der von dem Eingriff ausgehenden **typischen Risiken** darstellen. Hierfür gelten die zu § 315 c dargestellten Grundsätze.

2. Der subjektive Tatbestand setzt gemäß § 15 **Vorsatz** voraus.

II. Für **Rechtswidrigkeit** und

III. Schuld gelten allgemeine Regeln.

D. Unerlaubtes Entfernen vom Unfallort gemäß § 142

Das unerlaubte Entfernen vom Unfallort ist ein Delikt, das regelmäßig in Klausuren im Zusammenhang mit Verkehrsdelikten auftaucht. Der Tatbestand schützt entgegen seiner systematischen Einordnung nicht die öffentliche Ordnung, sondern das Interesse der Unfallbeteiligten und -geschädigten an der Geltendmachung oder Abwehr unfallbedingter Schadensersatzansprüche. Es handelt sich daher um ein Vermögensgefährdungsdelikt. Dabei müssen die beiden Tatbestände der Abs. 1 und 2 unterschieden und zunächst das Begehungsdelikt des Abs. 1 geprüft werden.

§ 142 ist ein Vermögensgefährdungsdelikt.

Aufbauschema: § 142 Abs. 1

I. Tatbestand

- **1. Objektiv**
  - **a)** Unfall im Straßenverkehr
  - **b)** Unfallbeteiligter gemäß Abs. 5
  - **c)** Sich vom Unfallort entfernt
  - **d)** Ohne Feststellungen gemäß **Nr. 1** ermöglicht zu haben
  - **e)** Ohne angemessene Zeit gemäß **Nr. 2** gewartet zu haben
- **2. Subjektiv:** Vorsatz

II. Rechtswidrigkeit

III. Schuld

IV. Strafmilderung aufgrund tätiger Reue gemäß **Abs. 4**

I. Der **Tatbestand** setzt

1. objektiv

Dieser Begriff ist nicht mit dem Unglücksfall in § 323 c zu verwechseln, da dort der Schaden noch drohen muss.

a) einen **Unfall im Straßenverkehr** voraus. Das ist ein unvorhergesehenes Ereignis im öffentlichen Straßenverkehr, das zu einem nicht nur belanglosen Personen- oder Sachschaden geführt hat, in dem sich ein typisches Verkehrsrisiko realisiert hat. Öffentlicher Straßenverkehr ist der Bereich, der tatsächlich jedermann zum Verkehr als Fahrzeugführer oder Fußgänger allgemein zugänglich ist. Dafür kommt es weder auf eine öffentlich-rechtliche Widmung noch auf das Eigentum an der Verkehrsfläche an.

Daher zählen auch ein Tankstellengelände oder Behörden- und Kaufhausparkplätze zum öffentlichen Straßenverkehr, auch wenn sie nur für Kunden bestimmt sind.

Die Bagatellgrenze für den Sachschaden wird heute überwiegend noch bei 25 €, zum Teil auch bei 50 € angesetzt.

Wurde das Schadensereignis vorsätzlich verursacht, so erscheint die Annahme eines Verkehrsunfalls zweifelhaft. Auch in diesen Fällen nimmt die herrschende Meinung jedoch einen Verkehrsunfall an, wenn sich das Schadensereignis seinem äußeren Hergang nach als Realisierung eines typischen Verkehrsrisikos und nicht nur „als Folge einer deliktischen Planung" darstellt. Wurde kein Dritter, sondern ausschließlich der Verursacher geschädigt, liegt kein Unfall vor. Das gilt auch bei einvernehmlichem Zusammenwirken der Beteiligten.

So etwa bei zu betrügerischen Zwecken inszenierten Unfällen.

b) Unfallbeteiligter ist gemäß Abs. 5, wessen Verhalten nach den Umständen zur Verursachung beigetragen haben kann. Auf die tatsächliche Verursachung und ein Verschulden bei der Verursachung kommt es also nicht an. Maßgeblich ist, ob die Umstände für einen Dritten den Schluss zulassen, dass der Betreffende durch sein Verhalten zur Verursachung beigetragen haben kann.

Daher kann auch, wer tatsächlich nur Beifahrer war, als Unfallbeteiligter anzusehen sein, wenn die Umstände den Schluss zulassen, dass er gefahren sein könnte.

Genau genommen stellt dies schon keine Handlung im strafrechtlichen Sinne dar!

c) Tathandlung ist, **sich vom Unfallort zu entfernen**. Wer also gegen seinen Willen, z.B. als Beifahrer, vom Unfallort entfernt wird, handelt nicht tatbestandsmäßig. Das Sichentfernen setzt eine räumliche Trennung vom Unfallort voraus.

Wer sich also nicht am Unfallort befindet, kann sich nicht – auch nicht durch Weiterfahren bei nachträglicher Kenntnis – gemäß § 142 strafbar machen.

Wie weit dieser reicht, lässt sich nicht allgemeingültig bestimmen, sondern hängt von den Örtlichkeiten ab. Unfallort ist nach dem Normzweck der Bereich, in dem der Unfallbeteiligte für Dritte als solcher zu erkennen ist und zum Hergang zu befragen wäre.

Auf Landstraßen und Autobahnen ist das also ein weiterer Bereich als in der Innenstadt.

d) Das Sichentfernen ist nur tatbestandsmäßig, bevor man gemäß **Nr. 1** die dort genannten **Feststellungen** auf die genannte Weise **ermöglicht** hat. Das setzt voraus, dass am Unfallort Personen sind, die bereit und willens sind, solche Feststellungen zu treffen. Verdunkelungsmaßnahmen zu dem Zweck, diese Feststellungen zu verhindern, sind als solche nicht strafbar. Strafbar ist nur das Sichentfernen, bevor die Feststellungen getroffen wurden. § 142 Abs. 1 begründet als Pflicht zur aktiven Mitwirkung nur die Angabe, *dass* man beteiligt war. Die übrigen Feststellungen, insbesondere der *Art* der Beteiligung, hat man nur passiv zu dulden.

e) War keine solche Person am Unfallort, kommt nur das Sichentfernen, **ohne angemessene Zeit gewartet** zu haben, gemäß **Nr. 2** in Betracht. Als feststellungsbereite Personen kommen Beteiligte wie auch Nichtbeteiligte in Betracht, soweit sie willens sind, Feststellungen an die Berechtigten weiterzuleiten. Die Angemessenheit der Wartezeit lässt sich nicht verallgemeinern, sondern hängt im Einzelfall von einer Abwägung der Umstände ab. Je schwerer der Unfall und das damit verbundene Feststellungsinteresse, umso länger die Wartefrist. Je unwahrscheinlicher das Eintreffen von Personen aufgrund Tageszeit, Witterung etc., umso geringer dürfte die Wartefrist sein. Ist mit feststellungsbereiten Personen mit Sicherheit nicht zu rechnen, kann die Wartepflicht entfallen.

Das häufig praktizierte Hinterlassen von Zetteln oder Visitenkarten mit Angaben zur Person schließt also die Strafbarkeit nicht aus!

2. Der subjektive Tatbestand setzt **Vorsatz** voraus.

II. Als **Rechtfertigungsgrund** kommt hier vor allem ein sogenannter Feststellungsverzicht als rechtfertigende Einwilligung in Betracht. Diese ist zulässig, weil es sich bei § 142 um ein Vermögensdelikt handelt. Der Verzicht muss jedoch von allen Berechtigten und Geschädigten erklärt werden. Zudem ist er unwirksam, wenn er durch falsche Angaben erschlichen wurde.

Nach verbreiteter Meinung soll es sich dabei um ein tatbestandsausschließendes Einverständnis handeln. Dessen Voraussetzungen entsprechen jedoch dann denen der rechtfertigenden Einwilligung.

Auch ein mutmaßlicher Verzicht kommt unter den Voraussetzungen mutmaßlicher Einwilligung in Betracht. Ferner ist auch an Notstand gemäß § 34 zu denken, wenn z.B. das Verlassen des Unfallorts zur Rettung von Verletzten erforderlich war.

In diesem Fall kommt jedoch § 142 Abs. 2 Nr. 2 in Betracht!

III. Für die **Schuld** gelten keine Besonderheiten.

IV. Die **Strafmilderungsmöglichkeit** gemäß **Abs. 4** gilt nur für Unfälle im Bereich des ruhenden Verkehrs, also z.B. beim Ein- und Ausparken. Die Grenze des bedeutenden Schadens wird derzeit bei 1.300 € angesetzt.

Der Tatbestand des **§ 142 Abs. 2** greift als unechtes Unterlassungsdelikt erst ein, wenn der Täter sich nicht gemäß § 142 Abs. 1 strafbar gemacht hat.

Aufbauschema: § 142 Abs. 2

I. Tatbestand
- **1. Objektiv**
  - **a)** Unfall im Straßenverkehr
  - **b)** Unfallbeteiligter gemäß **Abs. 5**
  - **c)** Sich vom Unfallort entfernt
    - **aa)** Nach Ablauf der Wartefrist gemäß **Nr. 1**
    - **bb)** Oder berechtigt oder entschuldigt gemäß **Nr. 2**
  - **d)** Unterlassen unverzüglicher Nachholung der Feststellungen gemäß **Abs. 3**
- **2. Subjektiv:** Vorsatz

II. Rechtswidrigkeit

III. Schuld

IV. Strafmilderung aufgrund tätiger Reue gemäß **Abs. 4**

I. Berechtigt entfernt hat sich, wer sich unter Eingreifen eines Rechtfertigungsgrundes, vor allem wegen Notstandes gemäß § 34, entfernt hat. **Entschuldigt entfernt** hat sich, wer unter Eingreifen eines Entschuldigungsgrundes, z.B. § 35, oder im Erlaubnistatbestandsirrtum oder unvermeidbaren Verbotsirrtum gemäß § 17 S. 1 sich entfernt hat. Ob dies auch bei rauschbedingter Schuldunfähigkeit gilt, ist umstritten.

Auch der BGH hat diese Ansicht inzwischen aufgegeben.

Nach der früheren Rspr. sollte hiervon auch das unvorsätzliche Sich-Entfernen unter bestimmten Voraussetzungen erfasst sein. Das BVerfG hat hierin jedoch einen Verstoß gegen das Analogieverbot des Art. 103 Abs. 2 GG gesehen, sodass dieser Ansicht nicht mehr gefolgt werden kann.

II. Als **Rechtfertigungsgrund** kommt hier – neben dem Feststellungsverzicht – auch eine rechtfertigende Pflichtenkollision in Betracht, wenn wegen § 323 c oder einer Garantenstellung gemäß § 13 eine höherwertige Pflicht zu erfüllen war.

1. Was ist öffentlicher Straßenverkehr?	**1.** Das ist der Verkehrsraum, der tatsächlich allgemein zugänglich ist, sodass jedermann tatsächlich als Fußgänger oder Fahrzeugführer am Verkehr teilnehmen kann.
2. Wann ist ein Fahrzeugführer alkoholbedingt fahruntauglich?	**2.** Ab 0,3‰ kann ein Fahrzeugführer alkoholbedingt fahruntauglich sein, wenn zusätzliche Indizien darauf schließen lassen. Ab 1,1‰ liegt absolute Fahruntauglichkeit zum Führen von Kraftfahrzeugen, ab 1,6‰ absolute Fahruntauglichkeit zum Führen von Fahrrädern vor.
3. Welche Einschränkungen gelten für das Gefährdungsobjekt bzw. -opfer bei § 315 c?	**3.** Das vom Täter geführte Fahrzeug ist kein taugliches Gefährdungsobjekt, auch wenn es fremd ist. Der Teilnehmer der Trunkenheitsfahrt ist nicht taugliches Gefährdungsopfer.
4. Fällt auch die Teilnahme am Straßenverkehr unter § 315 b?	**4.** Nein! § 315 b setzt einen Eingriff von außen voraus. Die Strafbarkeit der Teilnahme am Straßenverkehr ist abschließend in §§ 315 c, 316 geregelt. Eine Ausnahme gilt für den „Inneneingriff" bei einer groben Einwirkung von einigem Gewicht, die in verkehrsfeindlicher Absicht vorgenommen wurde und von einem wenigstens bedingten Schädigungsvorsatz getragen war.
5. Was ist ein Unfall im Straßenverkehr?	**5.** Das ist ein plötzliches Ereignis im öffentlichen Straßenverkehr, das einen nicht nur unerheblichen Personen- oder Sachschaden zur Folge hatte, in dem sich ein typisches Verkehrsrisiko realisiert hat.
6. Was ist bei § 142 der Unfallort?	**6.** Das ist der Bereich, in dem der Unfallbeteiligte als solcher für einen Dritten zu erkennen und daher zum Hergang zu befragen wäre.
7. Was ist ein Feststellungsverzicht?	**7.** So bezeichnet man die bei § 142 zulässige rechtfertigende Einwilligung des Feststellungsberechtigten. Nach a.A. handelt es sich (unter denselben Voraussetzungen) um ein tatbestandsausschließendes Einverständnis.
8. Erfasst § 142 Abs. 2 auch den Fall des unvorsätzlichen Sich-entfernens?	**8.** Nein! Diese frühere Auslegung durch den BGH ist nach der Rspr. des BVerfG mit dem Analogieverbot unvereinbar und daher abzulehnen.

3. Abschnitt: Brandstiftungsdelikte

Ein weiterer wichtiger Bereich der gemeingefährlichen Straftaten sind die Brandstiftungsdelikte der §§ 306 ff. Diese enthalten in den §§ 306, 306 a und 306 b Abs. 2 Vorsatztaten, in §§ 306 b Abs. 1 und 306 c Vorsatz/Fahrlässigkeitskombinationen und in § 306 d die Fahrlässigkeitsvarianten der §§ 306 und 306 a.

Für §§ 306–306 b sieht § 306 e Abs. 1 die Möglichkeit der Strafmilderung oder des Absehens von Strafe für den Fall der tätigen Reue vor. Für die fahrlässige Brandstiftung gemäß § 306 d stellen dieselben Voraussetzungen einen Strafausschließungsgrund dar. § 306 f enthält ein vorgelagertes Brandgefährdungsdelikt, das in Abs. 1 und 2 Vorsatz voraussetzt und in Abs. 3 die fahrlässige Begehung von Abs. 1 sowie die Vorsatz/Fahrlässigkeitskombination von Abs. 2 erfasst.

Die Systematik der Brandstiftungsdelikte ist nicht einfach zu durchschauen und weist einige Widersprüche und Ungereimtheiten auf.

- Der § 306 sowie § 306 a Abs. 1 und Abs. 2 stellen jeweils Grundtatbestände mit unterschiedlichem Unrechtsgehalt dar. Die Rspr. geht für den Fall ihres Zusammentreffens gleichwohl davon aus, dass § 306 hinter § 306 a zurücktritt.
- § 306 b Abs. 1 stellt eine Erfolgsqualifikation des § 306 sowie des § 306 a Abs. 1 und Abs. 2 dar.
- § 306 b Abs. 2 stellt eine vorsatzbedürftige Qualifikation nur des § 306 a dar.
- § 306 c knüpft als Erfolgsqualifikation an §§ 306, 306 a und 306 b als Grundtatbestand an.

! *Danach sollte immer zuerst die Strafbarkeit gemäß §§ 306 und 306 a geprüft werden. Fehlt es objektiv am tatbestandsmäßigen Erfolg des Brandes oder der Zerstörung, so kommt neben Versuch die Brandgefährdung gemäß § 306 f in Betracht. Fehlt es am Vorsatz, so kommt fahrlässige Brandstiftung gemäß § 306 d in Betracht. Liegen eine Brandstiftung oder schwere Brandstiftung vor, so prüft man darauf aufbauend die besonders schwere Brandstiftung und die Brandstiftung mit Todesfolge.*

Typischerweise trifft Brandstiftung mit Sachbeschädigung gemäß § 303, bei Gebäuden auch mit § 305 zusammen. Diese treten dann hinter den Brandstiftungsdelikten zurück. Bei Brandstiftung an Gebäuden gilt das jedoch nicht für die Sachbeschädigung am Inventar!

§ 306 b Abs. 2 Nr. 2 trifft typischerweise mit den §§ 265 und 263 zusammen. Mit diesen ist wegen des unterschiedlichen Unrechtsgehalts Tateinheit anzunehmen.

A. Brandstiftung gemäß § 306

Da Brandstiftung nur an fremden Sachen begangen werden kann, handelt es sich nach h.M. um einen Spezialtatbestand der Sachbeschädigung.

Aufbauschema: Brandstiftung
I. Tatbestand
1. Objektiv
a) Fremdes Tatobjekt gemäß Abs. 1 Nr. 1 bis 6
b) Tathandlung
aa) In Brand gesetzt
bb) Ganz oder teilweise zerstört durch eine Brandlegung
2. Subjektiv: Vorsatz
II. Rechtswidrigkeit
III. Schuld
IV. Strafmilderung gemäß **§ 306 e**

I. Der **Tatbestand** setzt

1. objektiv

a) als taugliches Objekt bestimmte Sachen voraus, die in fremdem Eigentum stehen müssen. Mit der Aufzählung glaubte der Gesetzgeber, den gemeingefährlichen Charakter der Brandstiftung hinreichend umschrieben zu haben. Das ist ihm nicht gelungen.

Die Aufzählung tauglicher Objekte bedarf einer Einschränkung!

Beispiel: Eine fremde Dose Cornflakes in den brennenden Kamin zu werfen, erfüllt nach dem Wortlaut des Gesetzes den Tatbestand des § 306 Abs. 1 Nr. 6 und wäre danach als Verbrechen strafbar.

Zur Einschränkung des Anwendungsbereichs wird zum Teil vorgeschlagen, den Tatbestand auf solche Fälle zu beschränken, in denen die Tat unter gemeingefährlichen Umständen begangen wurde. Nach a.A. ist erforderlich, dass es sich bei dem Brandobjekt um eine Sache von bedeutendem Wert handeln muss. Dafür spricht, dass diese Einschränkung auch in § 306 f Abs. 2 enthalten ist.

b) Tathandlung ist,

aa) die Sache **in Brand** zu **setzen**. Das setzt als Taterfolg voraus, dass die Sache derart von offenem Feuer ergriffen ist, dass sie unabhängig vom Zündstoff weiterzubrennen im Stande ist. Nicht erforderlich ist dagegen, dass die Sache völlig abgebrannt ist. Die Handlung muss hierfür ursächlich und das Feuer ihr objektiv zuzurechnen sein.

Beispiel: Bei Gebäuden genügt es, wenn der Dachstuhl oder der Fensterrahmen Feuer gefangen haben. Nicht ausreichend ist es, wenn nur für das Gebäude nicht wesentliche Bestandteile oder das Inventar vom Feuer erfasst sind.

bb) Daneben genügt es, die Sache ganz oder teilweise durch eine Brandlegung zu zerstören. **Zerstören** setzt eine Beeinträchtigung der bestimmungsgemäßen Funktion von einigem Gewicht voraus. **Brandlegung** ist eine Handlung, die durch den Einsatz von Brandmitteln eine brandtypische Gefahr schafft. Mit dieser Umschreibung werden auch die Fälle erfasst, in denen der wesentliche Schaden nicht durch Feuer, sondern durch Hitzeeinwirkung, Ruß oder Schwelbrand entsteht.

Beispiel: Ein Gebäude wird infolge Rußeinwirkung aufgrund einer Brandlegung unbewohnbar.

Unter den Voraussetzungen des § 13 kann die Tat auch durch Unterlassen begangen werden. Das setzt jedoch voraus, dass das Unterlassen eine Inbrandsetzung zur Folge hat. Das Unterlassen des Löschens eines bereits entstandenen Brandes kann daher genauso wie die Intensivierung eines durch Dritte gelegten Brandes allenfalls als Beihilfe zu einer Brandstiftung angesehen werden.

2. Der subjektive Tatbestand setzt **Vorsatz** voraus. War dieser auf das Inbrandsetzen der Sache gerichtet, wurde diese aber durch die Brandlegung zerstört, stellt dies nur eine unwesentliche Kausalabweichung dar.

II. Als **Rechtfertigungsgrund** kommt, da es sich nach h.M. bei der Brandstiftung um ein Eigentumsdelikt handelt, eine **rechtfertigende Einwilligung** in Betracht.

III. Für die **Schuld** gelten die allgemeinen Regeln.

Bei versuchter Brandstiftung kommt wie bei jedem Versuch ein Rücktritt gemäß § 24 in Betracht.

IV. Als **Strafmilderungsgrund** kann bei vollendeter Brandstiftung tätige Reue gemäß § 306 e in Betracht kommen. Strukturell entspricht die Regelung dem § 24. Danach gelten für die Freiwilligkeit und das ernsthafte Bemühen dieselben Maßstäbe. Ein eigenhändiges Löschen ist nicht erforderlich, solange der Täter seine Möglichkeiten zur Veranlassung des Löschens durch Dritte ausschöpft. Die Grenze des erheblichen Schadens ist für Brände spezifisch ab 2.500 € anzusetzen.

B. Schwere Brandstiftung gemäß § 306 a Abs. 1

Die schwere Brandstiftung gemäß § 306 a Abs. 1 stellt, da sie nach Art der Tatobjekte die abstrakte Gefährdung von Menschenleben erfasst, ein gemeingefährliches Delikt dar.

Aufbauschema: Schwere Brandstiftung gemäß § 306 a Abs. 1

I. Tatbestand

1. Objektiv

a) Taugliches Objekt gemäß Abs. 1

aa) **Nr. 1:** Gebäude, Schiff, Hütte oder andere Räumlichkeit, die der Wohnung von Menschen dient

bb) **Nr. 2:** Kirche oder anderes der Religionsausübung dienendes Gebäude

cc) **Nr. 3:** Räumlichkeit, die zeitweise dem Aufenthalt von Menschen dient, zu einer Zeit, zu der Menschen sich dort aufzuhalten pflegen

b) Tathandlung

aa) In Brand gesetzt

bb) Ganz oder teilweise zerstört durch eine Brandlegung

2. Subjektiv: Vorsatz

II. Rechtswidrigkeit

III. Schuld

IV. Strafmilderung gemäß **§ 306 e**

I. Der **Tatbestand** setzt

1. objektiv

a) eines der genannten Objekte voraus, wobei hier, anders als in § 306, die Eigentumslage ohne Bedeutung ist. Daher fällt auch das Inbrandsetzen eigener oder herrenloser Objekte unter den Tatbestand. In den genannten Objekten halten sich typischerweise Menschen auf, was den gemeingefährlichen Charakter der Tat begründet. Daher soll der Tatbestand nach verbreiteter Ansicht ausgeschlossen sein, wenn sich der Täter vor der Tat vergewissert hat, dass eine Gefährdung von Menschenleben mit Sicherheit ausgeschlossen ist.

aa) Nr. 1 setzt als Tatobjekt eine **Räumlichkeit** voraus, **die der Wohnung von Menschen dient**. Damit sind durch Wände und Dach begrenzte Raumgebilde gemeint, in denen Menschen zur Tatzeit – wenn auch nur vorübergehend – tatsächlich ihren Lebensmittelpunkt haben. Das „dienen" ist also im Sinne einer tatsächlichen Nutzung unabhängig von der Zweckbestimmung und der Nutzungsgestattung gemeint.

Beispiele: Wohnwagen, Zelte, ausrangierte Eisenbahnwaggons, von sonst Obdachlosen zur Winterzeit als Wohnung genutzte Scheune.

Dann bleibt nur noch § 306 oder § 306 a Abs. 2 anwendbar.

Ob sich jemand zur Tatzeit in der Wohnung aufhält, ist ohne Bedeutung. Jedoch kann die Aufgabe der Wohnung auch in einer Beteiligung an der Brandstiftung liegen. Der Wohncharakter entfällt aber nur, wenn auch alle Bewohner, bei Minderjährigen auch deren Sorgeberechtigte, an der Brandstiftung beteiligt sind.

Im Fall der „Zerstörung" muss aber der zum Wohnen genutzte Teil betroffen sein!

Handelt es sich um ein gewerblich und zum Wohnen gemischt genutztes Gebäude, das ohne die Voraussetzungen der Nr. 3 in dem gewerblichen Teil in Brand gesetzt wird, stellt die Rspr. auf die bauliche Einheit des Gebäudes ab, sodass ggf. der Tatbestand erfüllt ist. Nach h.Lit. ist jedoch Voraussetzung, dass auch der Wohnteil vom Feuer erfasst wurde.

bb) Die in **Nr. 2** aufgezählten Räumlichkeiten sind von Verwaltungsräumen und Unterrichtsräumen zu unterscheiden.

Räume, in denen sich nie jemand aufzuhalten „pflegt", scheiden daher aus, auch wenn tatsächlich zur Tatzeit jemand darin war.

cc) Nr. 3 stellt darauf ab, ob sich **zur Tatzeit Menschen in den Räumlichkeiten aufzuhalten pflegen**. Ohne Bedeutung ist daher, ob sich zur Tatzeit tatsächlich jemand in den Räumen aufgehalten hat. Tatzeit ist beim Legen eines Brandsatzes mit Zeitzünder nicht der Handlungszeitpunkt, sondern derjenige, in dem der Brandsatz das Feuer oder die Zerstörung auslöst.

b) Für die Tathandlungen des **Inbrandsetzens** und der **Zerstörung durch Brandlegung** gelten die Ausführungen zu § 306.

2. Dasselbe gilt für den **Vorsatz**.

II. Für die **Rechtswidrigkeit** gelten die allgemeinen Regeln. Eine **rechtfertigende Einwilligung** kommt, da es sich hier um eine gemeingefährliche Straftat handelt, nicht in Betracht.

III. Für die **Schuld** gelten die allgemeinen Regeln.

IV. Als **Strafmilderungsgrund** kann tätige Reue gemäß § 306 e in Betracht kommen. Auch hierfür gelten die Ausführungen zu § 306.

C. Schwere Brandstiftung gemäß § 306 a Abs. 2

Der Tatbestand der gesundheitsgefährdenden Brandstiftung des § 306 a Abs. 2 stellt ein konkretes Gefährdungsdelikt dar.

Aufbauschema: Schwere Brandstiftung gemäß § 306 a Abs. 2

I. Tatbestand

1. Objektiv

a) Sache gemäß § 306 Abs. 1 Nr. 1 bis 6

b) Tathandlung

aa) In Brand gesetzt

bb) Ganz oder teilweise zerstört durch eine Brandlegung

c) Gefährdungserfolg: Gefahr einer Gesundheitsschädigung für einen anderen Menschen

d) Kausalität und objektive Zurechnung, insbesondere gefahrspezifischer Zusammenhang

2. Subjektiv: Vorsatz

II. Rechtswidrigkeit

III. Schuld

IV. Strafmilderung gemäß **§ 306 e**

I. Der **Tatbestand** setzt

1. objektiv

a) als **Tatobjekt** eine der **in § 306 Abs. 1 Nr. 1–6 genannten Sachen** voraus. Diese Verweisung bezieht sich jedoch nur auf die Art der Objekte. Diese brauchen nicht fremd zu sein, sodass auch eigene oder herrenlose Sachen erfasst werden.

§ 306 b Abs. 2 setzt keine fremde Sache voraus!

b) Für die Tathandlungen des **Inbrandsetzens** und der **Zerstörung durch Brandlegung** gelten die Ausführungen zu § 306.

c) Taterfolg ist die konkrete **Gefahr einer Gesundheitsschädigung eines anderen Menschen**. Der Eintritt einer Gesundheitsschädigung darf also nur noch vom Zufall abhängig gewesen sein.

Nach h.M. werden auch Beteiligte der Brandstiftung erfasst, soweit nicht in der Beteiligung eine die objektive Zurechnung ausschlie-

Anders bei § 315 c!

ßende eigenverantwortliche Selbstgefährdung oder eine rechtfertigende Einwilligung liegt.

Das gilt hier wie bei allen konkreten Gefährdungsdelikten, vgl. auch § 315 b und § 315 c.

d) Der Erfolg muss durch die Inbrandsetzung oder Brandlegung **verursacht** worden sein. In der Gefahr muss sich das diesem Handeln **typischerweise anhaftende Risiko verwirklicht** haben.

Die fahrlässige Begehung ist ja in § 306 d gesondert unter Strafe gestellt.

2. Der subjektive Tatbestand setzt **Vorsatz** auch hinsichtlich der Verursachung der Gefahrenlage voraus.

II. Die **Rechtswidrigkeit** kann durch eine **rechtfertigende Einwilligung** der gefährdeten Person ausgeschlossen sein, da es sich hier um eine individualgefährdende Straftat handelt. Eine Einwilligung allein des Eigentümers der Sache genügt jedoch nicht.

III. Für die **Schuld** gelten die allgemeinen Regeln.

IV. Für den **Strafmilderungsgrund** gemäß § 306 e gelten die Ausführungen zu § 306.

D. Besonders schwere Brandstiftung gemäß § 306 b Abs. 1

Die besonders schwere Brandstiftung gemäß § 306 b Abs. 1 stellt eine Erfolgsqualifikation dar.

Aufbauschema: Besonders schwere Brandstiftung gemäß § 306 b Abs. 1

I. Tatbestand

1. **Grundtatbestand** gemäß **§ 306** oder **§ 306 a**
2. **Erfolgsqualifikation**
   - **a)** Verursachung einer schweren Gesundheitsschädigung eines anderen Menschen oder der Gesundheitsschädigung einer großen Zahl von Menschen
   - **b)** Wenigstens fahrlässig gemäß § 18
   - **c)** Objektive Zurechnung, insbesondere gefahrspezifischer Zusammenhang

II. Rechtswidrigkeit

III. Schuld, insbesondere Fahrlässigkeitsschuld bzgl. der schweren Folge

IV. Strafmilderung gemäß **§ 306 e**

I. Der **Tatbestand** setzt daher

1. als **Grundtatbestand** eine **Brandstiftung gemäß § 306** oder eine **schwere Brandstiftung gemäß § 306 a** voraus.

2. Die Prüfung der **Erfolgsqualifikation** folgt allgemeinen Regeln.

a) Danach ist zunächst der Eintritt und die Verursachung der schweren Folge durch das Grunddelikt zu prüfen. Eine **schwere Gesundheitsschädigung** findet sich als Voraussetzung z.B. auch in § 250 Abs. 1 Nr. 1 c); für die Auslegung gelten die dort gemachten Ausführungen. Eine **große Zahl von Menschen** wird überwiegend ab zehn Personen angenommen.

b) Die schwere Folge muss **gemäß § 18 wenigstens fahrlässig** verursacht worden sein. Die objektive Sorgfaltspflichtverletzung ergibt sich regelmäßig aus der vorsätzlichen Verwirklichung des Grundtatbestandes. Zu prüfen bleibt aber die objektive Vorhersehbarkeit der schweren Folgen.

c) Wie bei allen Erfolgsqualifikationen muss nicht nur die **objektive Zurechnung** nach allgemeinen Regeln gegeben sein. Darüber hinaus muss sich darin die **der Brandstiftungshandlung spezifisch anhaftende Gefahr verwirklicht** haben.

Beispiel: Schwere Verletzungen von Rettungspersonal, wie Feuerwehrleuten, sofern es sich nicht um eigenverantwortliche Selbstschädigungen handelt, weil die Rettungsbemühungen von vornherein sinnlos oder das eingegangene Risiko unverhältnismäßig war.

II. Für die **Rechtswidrigkeit** gelten die allgemeinen Regeln. Eine **rechtfertigende Einwilligung** kommt, da es sich hier um eine gemeingefährliche Straftat handelt, nicht in Betracht.

III. Für die **Schuld** gelten die auch sonst für Erfolgsqualifikationen geltenden Regeln.

IV. Für den **Strafmilderungsgrund** gemäß § 306 e gelten die Ausführungen zu § 306.

E. Besonders schwere Brandstiftung gemäß § 306 b Abs. 2

Der Tatbestand des § 306 b Abs. 2 qualifiziert die schwere Brandstiftung auf unterschiedliche Weise.

Aufbauschema:
Besonders schwere Brandstiftung gemäß § 306 b Abs. 2

I. Tatbestand

1. **Grundtatbestand** gemäß **§ 306 a**
2. **Qualifikation**
   a) **Abs. 2 Nr. 1:**
      aa) Gefährdungserfolg: Gefahr des Todes für einen anderen Menschen
      bb) Kausalität und objektive Zurechnung, insbesondere gefahrspezifischer Zusammenhang
      cc) Vorsatz
   b) **Abs. 2 Nr. 2:** Absicht, eine andere Straftat zu ermöglichen oder zu verdecken
   c) **Abs. 2 Nr. 3:**
      aa) Verhindern oder Erschweren des Löschens des Brandes
      bb) Vorsatz

II. Rechtswidrigkeit

III. Schuld

IV. Strafmilderung gemäß **§ 306 e**

I. Der **Tatbestand** setzt

1. als **Grundtatbestand** eine **schwere Brandstiftung gemäß § 306 a** voraus.

2. Die **Qualifikation**

Eine gleichartige Qualifikation findet sich in § 250 Abs. 2 Nr. 3 b).

a) gemäß **Nr. 1** ist mit dem Tatbestand des § 306 a Abs. 2 vergleichbar. Erforderlich ist daher die **vorsätzliche** Verursachung der **konkreten Lebensgefahr** für einen anderen Menschen.

Vgl. ferner § 315 Abs. 3 Nr. 1 b).

b) Die **Absicht, eine andere Straftat zu verdecken oder zu ermöglichen**, gemäß **Nr. 2** entspricht dem gleichlautenden Mordmerkmal. Insofern gelten die dort gemachten Ausführungen entsprechend.

Typischer Anwendungsfall ist hier die Brandstiftung zur Ermöglichung eines Betruges zum Nachteil der Gebäude-, Hausrat- oder Kaskoversicherung. Insoweit ist jedoch zu beachten, dass der in der Brandstiftung liegende Versicherungsmissbrauch gemäß § 265 und die ggf. mitverwirklichte Sachbeschädigung am Gebäudeinventar gemäß § 303 mit der Brandstiftung identisches Unrecht darstellen und daher keine andere Tat in diesem Sinne. Als andere Tat kommt daher nur der Betrug gemäß § 263 zum Nachteil der Versicherung in Betracht. Das setzt jedoch voraus, dass die Inanspruchnahme der Versicherung durch den Versicherten aus Tätersicht gemäß § 263 auch betrügerisch ist. Dies scheidet aus, wenn die Brandstiftung für den Versicherten tatsächlich einen Versicherungsfall mit einem Leistungsanspruch darstellt.

§§ 265 und 303 sind keine tauglichen Bezugstaten der Ermöglichungsabsicht!

Ferner soll wegen der Höhe der Strafdrohung nach Ansicht eines Teils der Lit. eine Einschränkung dahin vorzunehmen sein, dass zwischen der Brandstiftung und der zu ermöglichenden Straftat ein funktionaler und zeitlich-räumlicher Zusammenhang durch Ausnutzen der der Brandstiftung anhaftenden Gemeingefahr bestehen muss.

Beispiel: Ausnutzen der brandbedingten Panik zu Begehung von Diebstahl. Danach wäre gerade der Fall der Brandstiftung zur Ermöglichung eines Betruges nicht von § 306 b Abs. 2 Nr. 2 erfasst.

Dem hat sich die Rspr. unter Hinweis auf den Vergleich mit § 211 Abs. 2 nicht angeschlossen.

c) Das vorsätzliche **Verhindern oder Erschweren des Löschens des Brandes** gemäß **Nr. 3** kann der Erfüllung des Grundtatbestandes vor- oder nachgelagert sein und setzt einen entsprechenden kausalen und zurechenbaren messbaren Erfolg, also eine wesentliche Erschwerung voraus. Das bloße Bemühen löst also allenfalls eine Versuchsstrafbarkeit aus.

II. Für die Prüfung der **Rechtswidrigkeit,**

III. der **Schuld** und

IV. des **Strafausschließungsgrundes** der **tätigen Reue gemäß § 306 e** gelten die vorherigen Ausführungen.

F. Brandstiftung mit Todesfolge gemäß § 306 c

Die Brandstiftung mit Todesfolge stellt ein erfolgsqualifiziertes Delikt dar, das als **Grundtatbestand** auf den **§§ 306, 306 a oder**

306 b aufbaut. Daher kann auf die für Erfolgsqualifikationen geltenden Regeln (z.B. auch für § 306 a Abs. 1) verwiesen werden.

Als Besonderheit ist hervorzuheben, dass hinsichtlich der schweren Folge **Leichtfertigkeit** vorausgesetzt wird, was nur bei einem besonders schweren Sorgfaltsverstoß oder dann anzunehmen ist, wenn sich die Folgen dem Täter aufgedrängt haben oder hätten aufdrängen müssen.

In der schweren Folge muss sich das **brandtypische Risiko realisiert** haben!

G. Fahrlässige Brandstiftung gemäß § 306 d

Bei § 306 d Abs. 1 Var. 1 handelt es sich um den einzigen Fall einer fahrlässigen Sachbeschädigung!

Der Tatbestand der fahrlässigen Brandstiftung gemäß § 306 d regelt insgesamt vier verschiedene Fälle:

- **Abs. 1 Var. 1** regelt die fahrlässige Begehung des **§ 306 Abs. 1**.
- **Abs. 1 Var. 2** stellt die fahrlässige Verwirklichung des **§ 306 a Abs. 1** unter dieselbe Strafdrohung.
- **Abs. 1 Var. 3** regelt eine **Vorsatz/Fahrlässigkeitskombination des § 306 a Abs. 2**.
- **Abs. 2** erfasst die ausschließlich **fahrlässige Verwirklichung** des **§ 306 a Abs. 2**.

Diese Regeln können zu Wertungswidersprüchen führen, wenn z.B. das vorsätzliche Inbrandsetzen eines fremden Kfz gemäß § 306 Abs. 1 Nr. 4 mit einer Freiheitsstrafe bis zu zehn Jahren bedroht ist, während die zusätzliche fahrlässige Verursachung der Gefahr einer Gesundheitsschädigung durch eine solche Brandstiftung gemäß § 306 d Abs. 1 Var. 3 i.V.m. § 306 a Abs. 2 nur mit fünf Jahren Freiheitsstrafe bedroht ist und daher privilegierende Wirkung zu haben scheint. Dieser Wertungswiderspruch ist nicht vollständig aufzulösen, aber dadurch zu mindern, dass ggf. Tateinheit gemäß § 52 angenommen wird, sodass die Tat wenigstens aus dem höheren der beiden Strafrahmen (vgl. § 52 Abs. 2) geahndet wird.

Die tätige Reue gemäß § 306 e Abs. 2 wirkt hier als Strafausschließungsgrund.

1. Was bedeutet das Inbrandsetzen in den §§ 306 ff.?	**1.** Eine Sache ist in Brand gesetzt, wenn sie derart von offenem Feuer ergriffen ist, dass sie unabhängig vom Zündstoff weiterzubrennen imstande ist.
2. Was bedeutet das Zerstören durch Brandlegung in den §§ 306 ff.?	**2.** Das setzt eine nicht unwesentliche Beeinträchtigung des bestimmungsgemäßen Gebrauchs durch eine Handlung voraus, die durch den Einsatz von Brandmitteln eine brandtypische Gefahr schafft.
3. Kann man in eine Brandstiftung einwilligen?	**3.** Eine rechtfertigende Einwilligung ist bei Brandstiftung gemäß § 306 durch den Eigentümer und bei schwerer Brandstiftung gemäß § 306 a Abs. 2 durch die gefährdete Person möglich. Die übrigen Brandstiftungsdelikte können wegen ihres gemeingefährlichen Charakters nicht Gegenstand einer Einwilligung sein.
4. Was ist eine Räumlichkeit, die zur Wohnung von Menschen dient?	**4.** Das sind durch Wände und Dach begrenzte Raumgebilde, in denen Menschen zur Tatzeit – wenn auch nur vorübergehend – tatsächlich ihren Lebensmittelpunkt haben. Auf die Zweckbestimmung kommt es nicht an.
5. Kann sich der einzige Bewohner eines Wohngebäudes gemäß § 306 a Abs. 1 Nr. 1 strafbar machen?	**5.** Da in der Brandstiftung durch den Bewohner regelmäßig die Aufgabe der Wohnung liegt, entfällt eine Strafbarkeit gemäß § 306 a Abs. 1 Nr. 1.
6. Ist § 306 a Abs. 2 eine Erfolgsqualifikation?	**6.** Nein! Es handelt sich um ein eigenständiges konkretes Gefährdungsdelikt neben § 306 Abs. 1 und § 306 a Abs. 1, das Vorsatz hinsichtlich der zum Tatbestand gehörenden Umstände voraussetzt.
7. Worauf muss sich bei § 306 b Abs. 1 der Vorsatz erstrecken?	**7.** Da § 306 b Abs. 1 ein erfolgsqualifiziertes Delikt gemäß § 18 ist, braucht nur der Grundtatbestand vorsätzlich verwirklicht zu werden; hinsichtlich der schweren Folgen genügt Fahrlässigkeit.
8. Ist der Versicherungsmissbrauch gemäß § 265 eine andere Straftat i.S.d. § 306 b Abs. 2 Nr. 2?	**8.** Nein! Der Versicherungsmissbrauch stellt mit der Brandstiftung identisches Unrecht dar und ist daher keine andere Tat.
9. Ist eine fahrlässige Sachbeschädigung strafbar?	**9.** Gemäß § 306 d i.V.m. § 306 Abs. 1 ist die fahrlässige Sachbeschädigung durch Brandstiftung strafbar.

4. Abschnitt: Unterlassene Hilfeleistung gemäß § 323 c

Der Tatbestand der Unterlassenen Hilfeleistung begründet durch die Strafdrohung eine allgemeine solidarische Hilfeleistungspflicht. Es handelt sich um ein konkretes Gefährdungsdelikt in der Gestalt eines echten Unterlassungsdelikts.

! *Daher geht die Prüfung der unechten Unterlassungsdelikte gemäß § 13 vor. Das gilt auch für § 221 Abs. 1 Nr. 2. Hat der Täter den Unglücksfall bereits durch eine Straftat verursacht, so tritt § 323 c dahinter zurück. Einer Prüfung in der Falllösung bedarf es dann nicht mehr.*

Aufbauschema: Unterlassene Hilfeleistung

I. Tatbestand
- **1. Objektiv**
  - **a)** Unglücksfall oder gemeine Gefahr oder Not
  - **b)** Unterlassen der erforderlichen Hilfe
  - **c)** Zumutbarkeit der Hilfeleistung
- **2. Subjektiv:** Vorsatz

II. Rechtswidrigkeit

III. Schuld

I. Der **Tatbestand** setzt

1. objektiv

Dieser Begriff darf also nicht mit dem des Unfalls im Straßenverkehr gleichgesetzt werden, da dieser voraussetzt, dass ein Schaden bereits entstanden ist!

a) einen Unglücksfall oder gemeine Not voraus. Ein **Unglücksfall** ist ein plötzliches Ereignis, das mit der Gefahr eines nicht unerheblichen Personen- oder Sachschadens verbunden ist. Um **gemeine Gefahr** handelt es sich, wenn eine Gefahr für unüberschaubare Sachwerte oder eine unbestimmte Vielzahl von Personen besteht. **Gemeine Not** ist eine die Allgemeinheit betreffende Notlage. Auf die Ursache der Gefahrenlage kommt es nicht an. Daher kann auch die Begehung oder die drohende Vollendung einer Straftat einen Unglücksfall darstellen.

Beispiele: Ein Verkehrsunfall mit Schwerverletzten, eine gefährliche Körperverletzung; eine Krankheit dagegen nur im Fall einer plötzlich drohenden Verschlimmerung; eine bewusst und eigenverantwortlich herbeigeführte Selbstgefährdung ist kein Unglücksfall, anders dagegen ein Selbstmordversuch, bei dem die Zumutbarkeit der Hilfeleistung jedoch fraglich sein kann. Auch eine durch Notwehr gemäß § 32 verursachte Gefahrenlage kann nach h.M. für den

Angegriffenen eine Hilfeleistungspflicht gegenüber dem Angreifer begründen.

Ob eine Gefahr drohte, unterliegt nach h.M. einer objektiven ex-post-Betrachtung. Stellt sich also unter Berücksichtigung aller auch erst nachträglich erkennbarer Umstände heraus, dass der Schaden bereits vollständig eingetreten war, so ist eine Hilfeleistung nicht mehr erforderlich. Ist dies nicht aufzuklären, gilt der Grundsatz „in dubio pro reo". Der Maßstab für die Erheblichkeit des drohenden Schadens muss danach bestimmt werden, dass die Solidarität nicht überfordert werden darf.

b) Welche **Hilfe erforderlich** ist, hängt von der Eignung und der Wirksamkeit zur Gefahrenabwehr ab. Dies ist aus der ex-ante-Sicht des zur Hilfeleistung Verpflichteten zu bestimmen: Solange nach den ihm erkennbaren Umständen der drohende Schaden noch abwendbar ist, ist die Hilfe auch erforderlich.

Stellt sich erst nachträglich heraus, dass der drohende Schaden nicht abzuwenden gewesen wäre, so war die Hilfe gleichwohl erforderlich.

Wird die Hilfe bereits von dritter Seite geleistet, so ist weitere Hilfe nicht erforderlich. Dies gilt auch, wenn eine Hilfeleistung von vornherein aussichtslos ist. Die erforderliche Hilfe muss tatsächlich möglich sein. Hat sich der zur Hilfe Verpflichtete vorsätzlich zur Hilfeleistung außerstande gesetzt, so kann er sich auf die Unmöglichkeit nach den Grundsätzen der vorsätzlichen omissio libera in causa nicht berufen.

Eine fahrlässige omissio libera in causa genügt dagegen nicht, da § 323 c ein Vorsatzdelikt ist.

c) Die Hilfe muss dem Verpflichteten **zumutbar** gewesen sein. Die Unzumutbarkeit aufgrund der Gefährdung eigener Rechtsgüter oder solcher nahestehender Personen schließt hier also nicht erst die Schuld, sondern bereits den Tatbestand aus. Dies gilt auch für die Kollision mehrerer Rettungspflichten, bei der nach Gewicht des bedrohten Rechtsguts und Ausmaß des drohenden Schadens abgewogen werden muss. Die Erfüllung von Garantenpflichten gemäß § 13 geht derjenigen aus § 323 c nach h.M. vor.

Im Falle eines freiverantwortlichen Suizidversuchs entfällt nach h.M. die Zumutbarkeit, soweit auch die aktive Förderung straflos wäre.

2. Der subjektive Tatbestand setzt **Vorsatz** voraus.

II. Als **Rechtfertigungsgrund** kommt vor allem ein Verzicht des Gefährdeten als rechtfertigende Einwilligung in Betracht. Eine Pflichtenkollision hat hier jedoch mangels Zumutbarkeit bereits eine tatbestandsausschließende Wirkung.

III. Für die **Schuld** gelten die allgemeinen Regeln.